AF551674

ExLibris

5 4 3 2 1 28 27 26 25 24

ISBN 978-3-649-64804-8

Hafenweg 30, 48155 Münster, Germany

Mit Dank an Mischa Bastin
Text: Stefanie Zysk
Grafische Gestaltung und Satz: Stefanie Bartsch
Redaktion: Mareike Bartholomäus, www.hafentexterei.de

Printed in Slovakia

www.coppenrath.de

Marjolein Bastin
Stefanie Zysk
Vom Zauber der Blumen
Geschichten und Botschaften der schönsten Blütenpflanzen
COPPENRATH

Inhalt

In Freud und Leid sind Blumen unsere ständigen Freunde. Wir essen, trinken, tanzen und flirten mit ihnen. Wir heiraten und taufen mit Blumen. Wir wagen es nicht, ohne sie zu sterben. Wir bringen Lilien als Zeichen der Verehrung dar, mit dem Lotus meditieren wir, zum Kampf stellen wir uns mit Rosen und Chrysanthemen. Wir haben sogar versucht in der Blumensprache zu sprechen. Wie könnten wir ohne sie leben? Es macht einen schaudern, sich eine Welt ohne Blumen vorzustellen. Welchen Trost bringen sie nicht ans Krankenlager, welches segensreiche Licht in düstere Gedanken milder Seelen. Ihre stille Zartheit gibt uns unseren schwindenden Glauben an die Welt zurück, so wie der tiefe Blick eines schönen Kindes die verlorene Hoffnung wiedererweckt.

Kakuzo Okakura (1862–1913)

Die Akelei

Mystische Eleganz

Der lateinische Name der Akelei leitet sich von „Aquila", der Alder, ab und ist auf den Blütensporn zurückzuführen, der an den Schnabel und die Krallen des Greifvogels erinnert. Im Volksmund wird sie auch Elfenhandschuh, Taubenblume oder Venuswagen genannt. Im Altertum war sie der Fruchtbarkeitsgöttin Freya geweiht und sollte liebesfördernde Kräfte haben. So glaubte man, dass allein schon durch die Berührung der Akeleisamen deren aphrodisischen Kräfte übertragen werden.

Große Künstler wie Albrecht Dürer und Lucas Cranach der Jüngere wurden durch das fast schon futuristisch anmutende Aussehen der Blüte inspiriert. Mit ihrem gesenkten Blütenkopf stellt sie die Demut und die Sorgen der Jungfrau Maria dar oder versinnbildlicht durch ihre taubenförmige Blüte den Heiligen Geist. In der Zahlenmystik gelten ihre drei Mal dreigeteilten Blätter als Symbol der Dreifaltigkeit, sodass die Maler im Mittelalter die Akelei als Zeichen des Lebens sahen, das den Tod besiegt.

Die Benediktinerin Hildegard von Bingen erwähnte die Akelei bereits im 14. Jahrhundert als Arzneipflanze. Heute wird sie allerdings kaum noch als Heilmittel eingesetzt. Dafür ist die Akelei eine der ältesten noch heute vorkommenden Blühpflanzen und wegen ihres ungewöhnlichen Aussehens und der prächtigen Farben ein wahrer Hingucker in jedem Garten. Während die Wildform nur blaue Blüten hervorbringt, sieht man in Gärten auch weiße, rosa, rote und purpurne Farben. Allerdings richtet sich die Pflanze nicht nach den Wünschen des Gärtners - sie verstreut ihre Samen nach der Blüte mit dem Wind.

Liebling der Bestäuber: Anders als die aus Europa stammenden Akeleien, die hauptsächlich von Insekten bestäubt werden, werden die Arten aus Nordamerika vor allem von Schwärmern und Kolibris angeflogen.

Aquilegia

Malus

Die Apfelblüte
Blume aus Avalon

Das Summen und Brummen tausender Insekten erfüllt die Luft, wenn zwischen April und Mai die Apfelblüte beginnt und Obstplantagen wie ein Meer aus zarten Weiß- und Rosatönen erscheinen. Besonders im Alten Land und am Bodensee ist dieses Naturschauspiel zu bewundern.

Ursprünglich stammt der Apfel aus dem heutigen Kasachstan. Die Griechen und Römer brachten ihn etwa 100 vor Christus über die Alpen. Die Kelten verehrten die Apfelblüte als Symbol der Liebe und schmückten mit den blühenden Zweigen ihre Schlafgemächer. Der Apfelbaum galt als Baum des Lebens und sie erzählten sich vom geheimnisvollen Ort „Avalon", übersetzt das Apfelland, wohin sich der Sage nach der schwer verletzte König Artus zurückzog.

In der griechischen Mythologie bewachten die Hesperiden den Baum mit den goldenen Äpfeln, dessen Früchte ein Leben in Unsterblichkeit und ewiger Jugend versprachen. Als jedoch Eris, die Göttin der Zwietracht, bei der Hochzeit von Peleus und Thetis einen goldenen Apfel mit der Aufschrift „Für die Schönste" zwischen die Göttinnen warf, wurde die begehrte Frucht zum „Zankapfel" und führte schlussendlich sogar zum Trojanischen Krieg.

> Im Christentum ist der Apfel das Symbol der Sünde: Nachdem Adam und Eva der Versuchung nicht widerstehen konnten und die verbotene Frucht vom Baum der Erkenntnis aßen, wurden sie aus dem Garten Eden vertrieben. Ob es sich bei der verführerischen Frucht tatsächlich um einen Apfel handelte, wird im Alten Testament nicht gesagt. Allerdings wird im lateinischen Text von „Malus", dem Bösen, geschrieben, was auch der botanischen Bezeichnung des Apfels entspricht.

Auch in der Literatur spielt der Apfel immer wieder eine wichtige Rolle. Am bekanntesten ist sicherlich die Szene aus dem Theaterstück „Wilhelm Tell" von Friedrich Schiller, in dem der legendäre Schweizer Freiheitskämpfer gezwungen wird, einen Apfel mit der Armbrust vom Kopf seines Sohnes zu schießen. Mit einem herausragenden Schuss trifft Tell den Apfel und rettet so das Leben seines Sohnes.

Das Buschwindröschen

Geliebte des Windes

Wenn im Frühling die Tage wärmer werden, erfreuen die Buschwindröschen, die den Waldboden in einen riesigen, weiß blühenden Blütenteppich verwandeln, jeden Spaziergänger. Schon beim kleinsten Windhauch kommt Bewegung in die strahlend weißen Sterne, auch „Anemonen" genannt, was sowohl ihren deutschen als auch den botanischen Namen erklärt, der sich vom griechischen Wort „anemos", der Wind, ableitet.
Dies spiegelt sich auch in der Geschichte aus der griechischen Mythologie wider, die von der schönen Nymphe Anemona erzählt, die am Hofe der Göttin Flora lebt. Als sich deren Ehemann Zephir, der Gott des Windes, in Anemona verliebt, verwandelt Flora eifersüchtig und erfüllt von Zorn die Nebenbuhlerin in eine Blume, die Anemone, die bis heute zärtlich vom Wind gestreichelt wird.
In der christlichen Symbolsprache steht die Anemone als Sinnbild für das vergossene Blut Jesu und der Heiligen. Auf zahlreichen Kreuzigungsdarstellungen sind daher rote Anemonen am Fuß des Kreuzes dargestellt, die aus den Blutstropfen Christi gewachsen sind.

Auch im Volksglauben spielt das Buschwindröschen eine besondere Rolle. Durch ihre frühe Blühzeit, wenn die Natur nach den langen, kalten Wintertagen zu neuem Leben erwacht, symbolisiert die Anemone Hoffnung und Neubeginn. Aufgrund ihrer Zartheit und scheinbaren Verletzlichkeit gilt sie außerdem als Zeichen für Unschuld, Vertrauen und Vergänglichkeit.

Früher glaubte man, wer die ersten drei Blüten des Buschwindröschens isst, die er im Wald entdeckt, wird im kommenden Jahr gesund sein. Heute würde man davon eher abraten, denn die Anemone ist giftig und kann bei falscher Dosierung zu Störungen des Nervensystems führen - dies hat ihr auch den Namen „Kopfschmerzblume" oder „Hexenblume" eingebracht.

Anemone nemorosa

Gefunden

Ich ging im Walde
so für mich hin,
und nichts zu suchen,
das war mein Sinn.

Im Schatten sah ich
ein Blümchen stehn,
wie Sterne leuchtend,
wie Äuglein schön.

Ich wollt es brechen,
da sagt' es fein:
Soll ich zum Welken
gebrochen sein?

Ich grub's mit allen
den Würzlein aus,
zum Garten trug ich's
am hübschen Haus.

Und pflanzt es wieder
am stillen Ort;
nun zweigt es immer
und blüht so fort.

Johann Wolfgang von Goethe (1749–1832)

Zantedeschia

Die Calla

Becher der Götter

In den Sümpfen und Mooren Afrikas wächst eine außergewöhnliche Blume, die Zantedeschia. Besser ist sie unter der Bezeichnung Calla bekannt, die sich vom altgriechischen Wort „kalos" ableitet und „schön" bedeutet.

Und das ist die Calla wirklich, besonders ausgefallen ist ihre kelchförmige Blüte. An einem langen Schaft, der eine Wuchshöhe von bis zu einem Meter erreichen kann, thront der Blütenstand, der aus einem einzigen Hochblatt besteht und den gelblichen Kolben umgibt. Ursprünglich war die Blüte weiß, gelb oder rot, inzwischen werden durch Züchtungen verschiedenste Farbvariationen angeboten.

> Die eleganten schmalen Blütenstände der Calla ziehen sofort die Aufmerksamkeit auf sich, deshalb sind sie für Blumendekorationen äußerst beliebt. Als Geschenk für eine Freundin in einem Gesteck steht sie sinnbildlich für Bewunderung und Aufmerksamkeit. Im Brautstrauß drückt sie die Reinheit und innige Liebe zweier Menschen aus. Auch für Grabgestecke wird die Calla häufig verwendet. Dann steht sie als Symbol für die Unsterblichkeit.

Bis heute ist die Calla ein Symbol der Schönheit und laut griechischer Mythologie nach Kalliope, der Göttin der Dichtkunst, benannt, die für ihre Anmut und ihren Liebreiz verehrt wurde. Der Legende nach sollen die griechischen Götter die Calla als Trinkkelch verwendet haben, heute gilt sie wegen ihres ungewöhnlichen Aussehens auch als Pflanze der Erotik. Ihren Namen verdankt die anmutige Zimmerpflanze dem italienischen Botaniker Giovanni Zantedeschi, der sie im 18. Jahrhundert nach Europa brachte und kultivierte.

Die Christrose

Sternförmiger Hoffnungsträger

In eisiger Kälte, wenn der Garten von Schnee bedeckt ist, blüht die Schneerose mit ihren weißen, sternförmigen Blüten - oft genau zur Weihnachtszeit, deshalb wird sie auch Christrose genannt. Eine Legende besagt, dass sich die Hirten in der Heiligen Nacht auf den Weg nach Bethlehem begaben, um das Christkind zu beschenken. Jeder Hirte hatte eine Gabe bei sich, Honig, Milch, Wolle vom Schaf - abgesehen von einem kleinen Knaben, der in seinem Unglück bitterlich zu weinen begann. Als seine Tränen den harten Boden berührten, sprossen Pflanzen mit anmutigen Blüten aus der Erde. Dankbar pflückte der Hirte die Blumen und legte sie dem göttlichen Kind in die Krippe.

> Die Christrose gilt als Symbol der Geburt Christi und steht für Hoffnung und Unschuld. In der Sprache der Blumen steht sie mit den Worten „Hilf mir, meine Angst zu überwinden“ als Sinnbild für den Beginn einer besseren Zeit und schenkt neue Kraft in schwierigen Lebenslagen.

Im Volksglauben galt die Christrose als Zauberpflanze und wurde bereits 300 vor Christus als Heilmittel verwendet. Während sie in der Antike gegen Nervenleiden und als Abtreibungsmittel eingesetzt wurde, nutzte man sie später bei Herzkrankheiten und Nierenleiden. Im Mittelalter wurde sie als „Wunderdroge“ angesehen, die zu ewiger Jugend verhelfen sollte. Die Christrose enthält das starke Gift Helleborin, dessen tödliche Wirkung Romeo und Julia in der Shakespeare-Tragödie das Leben kostet. Und jedes Kind kennt den „Trunk des Friedens“ aus den Harry-Potter-Romanen, der gegen Aufgeregtheit und Ängste hilft.

Helleborus niger

Die Christrose ist auch als „Nieswurz"
bekannt, weil ihre Wurzel früher zu
Schnupftabak verarbeitet wurde.

Dahlia

Die Dahlie wurde nach dem schwedischen Botaniker Anders Dahl benannt, ein Schüler des weltberühmten Naturforschers Carl von Linné.

Die Dahlie

Die Vielfältige

Die Dahlie könnte auch den Beinamen „die Vielfältige" tragen und das bezieht sich nicht nur auf ihre Farbvariationen, denn abgesehen von Schwarz oder Dunkelblau ist nahezu jeder Ton vertreten. Auch in ihrem Aussehen ist die Dahlie äußerst variabel - kein Wunder, bei weltweit über 30 000 Sorten. Ihre Form reicht von langen Blütenblättern, runden oder gerollten Blüten, die Pompons ähneln, bis hin zu solchen, die an Orchideen erinnern.
Als „Grande Dame" des Spätsommers erfreut sie jeden Gartenbesitzer auch noch an trüben Herbsttagen, wenn die meisten Blumen schon verblüht sind. Ursprünglich stammt die Dahlie aus Südamerika und wurde schon von den Azteken als Nahrungspflanze kultiviert. Dahlienknollen können wie Kartoffeln gekocht werden und ihre Blätter eignen sich als Salat mit einem Geschmack ähnlich dem von Rucola oder Spinat.
Die ersten Dahliensamen wurden vom Entdecker und Forschungsreisenden Alexander von Humboldt nach Europa gebracht - nicht ahnend, dass er damit eine der beliebtesten Zierpflanzen der Zukunft importierte. Bis heute steigt die Zahl der Neuzüchtungen von Jahr zu Jahr. Auf Dahlienfesten und Ausstellungen werden die neuesten Blütenformen präsentiert und prämiert.

Die Dahlie eignet sich hervorragend als Geschenk - und das zu jedem Anlass. Sie gilt als Zeichen der Nächstenliebe und Dankbarkeit und drückt die tiefe Verbundenheit und Freundschaft gegenüber dem Beschenkten aus.

Dahlien-Polka: Der berühmte tschechische Komponist Bedřich Smetana schrieb neben seinem bekanntesten Werk „Die Moldau" auch eine Polka zu Ehren der Dahlie.

Blumen
sind die Liebesgedanken
der Natur.

Bettina von Arnim (1785–1859)

Das Alpen-Edelweiß
Symbol für die Liebe zur Natur

Die sternförmige, silbrigweiße Blüte des Edelweiß hatte schon immer eine enorme Anziehungskraft auf alle Wanderer - ein Edelweiß auf einer Bergtour zu entdecken, gehört für viele Alpenbegeisterte zum größten Glück. Da Form und Farbe auch in getrocknetem Zustand vollständig erhalten bleiben, nennen es die französischen Alpenbewohner auch „Immortelle des Alpes", die Unsterbliche der Alpen.
Durch den zunehmenden Bergtourismus war die Blume Ende des 19. Jahrhunderts vom Aussterben bedroht und wurde 1886 als erste Pflanze überhaupt unter strengen Naturschutz gestellt.

Die Ursache für die übergroße Anziehungskraft der Blume liegt in den Mythen, die sich seit jeher um das Pflücken eines Edelweiß ranken. So soll es nur den verwegensten jungen Männern gelingen, diese besondere Blume, die an den gefährlichsten und unzugänglichsten Felsvorsprüngen zu finden ist, zu pflücken, um sie der Angebeteten als Symbol für ihre Liebe, aber auch für ihren Mut zu schenken.

Leider bewahrheitete sich auch in der Realität oft genug der Fluch der Eisjungfrau. Der Legende nach vergoss sie wegen der Untreue ihres geliebten Jägers kurz vor ihrem verzweifelten Sprung von einem Berggipfel bittere Tränen, die zu zauberhaften, sternförmigen Blüten wurden. Dabei schwor sie, dass jeder, der diese besondere Blume begehrte und nach ihr griff, in die Tiefe stürzen und tödlich verunglücken sollte.

Blume der Kaiserin Sisi: Auf einer Bergwanderung am Großglockner im Jahr 1856 soll der österreichische Kaiser Franz I. seiner Ehefrau Sisi diese Blume mit den Worten „Das erste in meinem Leben, das ich selbst gepflückt" überreicht haben. So wurde das Edelweiß auch zum Symbol der Kaiserin. In einem berühmten Porträt trägt Sisi das Edelweiß eingeflochten in ihrer legendären Haarpracht.

Das Edelweiß ist das Zeichen des Deutschen Alpenvereins, ursprünglich stammt es jedoch aus dem Himalaya.

Leontopodium alpinum

Gentiana

Der Enzian

Schönheit der Berge

Kaum eine andere Blume wird so mit der Bergwelt verbunden wie der tiefblau blühende Enzian. Und genau in dieser Farbe liegt bereits eine Besonderheit, denn sie ist in ihrer Intensität eine Rarität in der Pflanzenwelt. Nur wenige Blumen besitzen überhaupt die Fähigkeit, eine echte blaue Farbe zu entwickeln.
Der lateinische Name „Gentiana" geht laut dem römischen Gelehrten Plinius dem Älteren auf den illyrischen König Genthios zurück, der als Erster die Heilwirkung der Pflanze erkannt haben soll. Vermutlich handelte es sich aber um den gelben Enzian (Gentiana lutea), dessen Bitterstoffe gegen Verdauungsbeschwerden und Erkältungskrankheiten helfen. Diese Art wird auch für den berühmten Enzianschnaps verwendet. Nur wenige Menschen haben das Recht, die Wurzeln der streng geschützten Pflanze für das Brennen des hochprozentigen Alkohols auszugraben. Dass auf dem Etikett der Flaschen der volkstümliche blaue Enzian abgebildet ist, ist ein Clou der Werbeindustrie. In der Schweiz wird der Enzianschnaps „eau de vie", das Lebenswasser genannt, das starke aphrodisische Kräfte besitzen soll.

Der Enzian eignet sich ganz besonders als Liebesbeweis, denn er versinnbildlicht Zuverlässigkeit, Schönheit und Treue. Seit der Romantik, als der Schriftsteller Novalis seinen Helden von einer blauen Blume träumen ließ, symbolisiert dieses Bild den Inbegriff von Sehnsucht und Liebe.

Enzian als Erlösungssymbol: Der Kreuzwurzenzian galt in der mittelalterlichen Mystik als Erlösungssymbol, denn alles an der Pflanze ist kreuzförmig angelegt - die Blattpaare, der Blütensaum, sogar Stängel und Wurzelmark. In dem Kirchengemälde „Christus als Apotheker" aus dem 17. Jahrhundert bringt Jesus auf einer Handwaage die Sünden der Menschheit mit dem Kreuzwurzenzian ins Gleichgewicht.

Der Rote Fingerhut

Kopfbedeckung der Elfen

An Waldrändern und auf Lichtungen wächst der sagenumwobene, bis zu zwei Meter hohe Rote Fingerhut mit seinen eindrucksvollen, meist purpurroten, selten weißen Blütenständen. Der deutsche Name der Pflanze ist leicht zu erklären, denn die Blüte sieht wirklich aus wie das Nähutensil und auch der botanische Name „Digitalis" leitet sich vom lateinischen Wort „digitus", der Finger, ab.

Nach englischen und irischen Erzählungen tragen Elfen die originelle Blüte als Kopfbedeckung und es heißt, dass böse Feen Füchsen den Fingerhut über die Pfoten ziehen, damit sie unbemerkt im Hühnerstall ihr Unwesen treiben können. Einer christlichen Legende nach soll die Heilige Jungfrau mit einem Verband aus Fingerhut eine Wunde am Daumen Christi geheilt haben, weshalb die Pflanze auch „Unserer-lieben-Frauen-Handschuh" genannt wird. So hübsch der Fingerhut anzusehen ist, so giftig ist er auch - schon der Verzehr von nur zwei bis drei Blättern kann für einen Menschen tödlich sein. Trotzdem gehört der Fingerhut noch heute zu den wichtigsten Arzneipflanzen überhaupt. Um 1775 entdeckte ein britischer Arzt die medizinische Wirksamkeit von Fingerhutblättern, die in der Stärkung und Regulierung der Herzfrequenz liegt. Bei Überdosierung kann es allerdings zu lebensgefährlichen Herzrhythmusstörungen kommen.

Der Fingerhut ist nicht nur wegen seiner Giftigkeit zum Verschenken eher ungeeignet. In der Sprache der Blumen drückt er das Misstrauen gegenüber dem Beschenkten aus. Bei Kranken kann er allerdings mit den besten Genesungswünschen überreicht werden.

Blume der Unterwelt: Laut griechischer Mythologie wächst der Fingerhut an der Stelle, an der dem Höllenhund Cerberus der Schaum aus dem Maul tropfte und den Boden berührte.

Digitalis purpurea

Syringa

Der Flieder wurde 1560 vom kaiserlichen Gesandten aus der Türkei an den Wiener Hof und so nach Mitteleuropa gebracht.

Der Flieder

Magischer Duft

Im Mai, wenn die violetten oder weißen Rispen des Flieders ihren zart-süßen Duft verströmen, können wir uns sicher sein - jetzt ist der Frühling da. So manchem kommt dabei vielleicht das alte Liebeslied „Wenn der weiße Flieder wieder blüht" in den Sinn, das dem Filmdebüt von Romy Schneider seinen Namen gab.
Der Geruch des Flieders hatte schon immer eine besondere Wirkung. Bereits die Kelten hielten ihn für magisch und glaubten, dass sie durch ihn in überirdische Welten gelangen könnten. Noch heute werden aus der Pflanze ätherische Öle für die Herstellung von Parfüms gewonnen, die uns mit der Duftnote des Flieders betören.

> Verschenkt man einen Fliederblumenstrauß, wird man die Angebetete nicht nur durch seinen Duft beeindrucken, auch die kerzenförmigen Blütenstände aus unzähligen kleinen Einzelblüten sind ein wahrer Hingucker. Während weiße Blüten für die Zurückhaltung des Kavaliers sprechen, zeigt das dunkle Violett seine starke Zuneigung.

Diese leidenschaftlichen Gefühle empfand wohl auch der Hirtengott Pan, als er die schöne Nymphe „Syrinx" durch den Wald verfolgte. Aus Furcht verwandelte sich die Bedrängte in einen Fliederstrauch, aus dessen Holz Pan sich seine erste Panflöte schnitzte. Der botanische Name des Flieders „Syringa" geht auf diese alte griechische Sage zurück.

Die Buddleja sieht dem Flieder sehr ähnlich und wird auch Schmetterlingsflieder genannt, denn bunten Tagfaltern und vielen anderen Insekten bieten die duftenden Blüten eine reichhaltige Nektarquelle.

Das Gänseblümchen
Bescheiden und beliebt

Ein altes Sprichwort sagt: „Wenn du mit einem Fuß auf sieben Gänseblümchen treten kannst, ist der Frühling da.“ Und nicht nur dann erfreut uns das kleine Blümchen, denn es blüht bis in den Herbst hinein, was ihm auch die lateinische Bezeichnung „Bellis perennis“, die schöne Ausdauernde, eingebracht hat. Aber es hat noch viele andere Namen wie „Tausendschön“ oder „Marienblume“.

Auf zahlreichen Tafelbildern wird das Gänseblümchen in der Wiese zu Füßen von Maria und Jesus dargestellt und steht symbolisch für christliche Tugenden wie Reinheit, Anspruchslosigkeit und Bescheidenheit. Eine alte Legende erzählt, das Gänseblümchen sei aus Marias Tränen gewachsen, die sie vergoss, als sie mit ihrem Kind nach Ägypten fliehen musste.

Das kleine Gänseblümchen hat auch einen Platz auf einem der berühmtesten Gemälde der Welt gefunden. Auf Boticellis „Geburt der Venus“ entsteigt die Göttin Venus auf einer Muschel stehend dem Meer, während eine Nymphe ihr einen Mantel reicht, der über und über mit Gänseblümchen bestickt ist, damit sie ihre Nacktheit bedecken kann.

Den volkstümlichen Namen Gänseblümchen erhielt die Pflanze wahrscheinlich, weil sie früher häufig auf Wiesen blühte, die als Gänseweiden genutzt wurden. Bis heute ist die Blume beliebt, um sich einen Kranz für die Haare zu flechten oder um das Orakel zu befragen. Mit den Worten „er liebt mich, er liebt mich nicht“ werden die weißen Zungenblüten abgezupft, in der Hoffnung, dass das letzte verbleibende Blütenblatt die große Liebe verspricht.

Besorgtes Blümchen: An regnerischen Tagen und nachts schließt das Gänseblümchen seine Blütenblätter und schützt so den gelben Blütenkorb, wodurch es zum Symbol für Mütterlichkeit und Fürsorge wurde.

Bellis perennis

Das Gänseblümchen

Draußen auf dem Lande, dicht am Wege, lag ein Landhaus; du hast es gewiss selbst schon einmal gesehen! Davor liegt ein kleines Gärtchen mit Blumen und einem Zaun, der gestrichen ist. Dicht dabei am Graben, mitten in dem herrlichen grünen Grase, wuchs ein kleines Gänseblümchen. Die Sonne schien ebenso warm und schön darauf herab wie auf die großen, reichen Prachtblumen im Garten, und deshalb wuchs es von Stunde zu Stunde. Eines Morgens stand es entfaltet da mit seinen kleinen, weißen Blättern, die wie Strahlen rings um die kleine gelbe Sonne in der Mitte sitzen. Es dachte gar nicht daran, dass kein Mensch es dort im Grase sah und dass es nur ein armes, verachtetes Blümchen sei: Nein, es war froh und wandte sich der warmen Sonne entgegen, sah zu ihr auf und horchte auf die Lerche, die in den Lüften sang. Das kleine Gänseblümchen war so glücklich, als ob ein großer Festtag sei, und doch war es nur ein Montag. Alle Kinder waren in der Schule; während sie auf ihren Bänken saßen und lernten, saß es auf seinem kleinen grünen Stiel und lernte auch von der warmen Sonne und allem ringsumher, wie gut Gott ist, und es erschien ihm recht, dass die kleine Lerche so deutlich und schön alles sang, was es selbst im Stillen fühlte. Und das Gänseblümchen sah mit einer Art Ehrfurcht zu dem glücklichen Vogel empor, der singen und fliegen konnte, aber es war gar nicht betrübt darüber, dass es selbst das nicht konnte. „Ich sehe und höre ja!", dachte es. „Die Sonne bescheint mich und der Wind küsst mich! Ach, wie reich bin ich doch beschenkt!"

Innerhalb des Zaunes standen so viele steife, vornehme Blumen; je weniger Duft sie hatten, um so hochmütiger erhoben sie ihr Haupt. Die Bauernrosen bliesen sich auf, um größer als die Rosen zu sein, aber die Größe macht es nicht! Die Tulpen hatten die allerschönsten Farben; das wussten sie wohl und hielten sich kerzengerade, damit man sie noch besser sehen konnte. Sie beachteten das junge Gänseblümchen da draußen gar nicht, aber dies sah desto mehr nach ihnen und dachte: „Wie reich und schön sie sind! Ja, zu ihnen fliegt gewiss der prächtige Vogel herunter und besucht sie! Gott sei Dank, dass ich so dicht dabeistehe, da kann ich doch den Staat mit ansehen!" Und gerade, wie es das dachte, „quirrevit!", da kam die Lerche herabgeflogen, aber nicht zu den Bauernrosen und Tulpen, nein, nieder ins Gras zu dem armen Gänseblümchen. Das erschrak so vor lauter Freude, dass es gar nicht wusste, was es denken sollte. Der kleine Vogel tanzte rings um das Gänseblümchen herum und sang: „Nein, wie ist doch das Gras so weich! Und sieh, welch eine süße kleine Blume mit Gold im Herzen und Silber im Kleid!" Der gelbe Punkt in dem Gänseblümchen sah ja auch aus wie Gold, und die kleinen Blätter ringsherum glänzten silberweiß.

Wie glücklich das kleine Gänseblümchen war, nein, das kann niemand begreifen! Der Vogel küsste es mit seinem Schnabel, sang ihm etwas vor und flog dann wieder in die blaue Luft empor. Es dauerte bestimmt eine ganze halbe Stunde, bevor das Blümchen wieder zu sich kam. Halb verschämt und doch innerlich beglückt sah es zu den anderen Blumen im Garten hinüber. Sie hatten gesehen, welche Ehre und Glückseligkeit ihm widerfahren war, sie mussten ja begreifen, welche Freude das war. Aber die Tulpen standen noch einmal so steif wie vorher und waren ganz spitz im Gesicht und sehr rot, denn sie hatten sich geärgert. Die Bauernrosen waren ganz dickköpfig, buh, es war doch gut, dass sie nicht sprechen konnten, sonst hätte das Gänseblümchen eine ordentliche Predigt bekommen. Die arme, kleine Blume konnte wohl sehen, dass sie nicht guter Laune waren, und das tat ihr von Herzen leid.

Im selben Augenblick kam ein Mädchen mit einem großen, glänzend scharfen Messer in den Garten. Sie ging gerade auf die Tulpen zu und schnitt eine nach der anderen ab. „Ach!", seufzte das kleine Gänseblümchen, „das ist doch schrecklich! Nun ist es vorbei mit ihnen!" Dann ging das Mädchen mit den Tulpen fort. Das Gänseblümchen war froh, dass es draußen im Grase stand und eine kleine ärmliche Blume war. Es fühlte sich so recht dankbar, und als die Sonne unterging, faltete es seine Blätter, schlief ein und träumte die ganze Nacht von der Sonne und dem kleinen Vogel. Am nächsten Morgen, als die Blume glücklich wieder all ihre weißen Blättchen wie kleine Arme dem Licht und der Luft entgegenstreckte, erkannte sie des Vogels Stimme, aber was er sang, klang so traurig. Ja, die arme Lerche hatte guten Grund dazu, sie war gefangen worden und saß nun in einem Bauer dicht an dem offenen Fenster. Sie sang davon, frei und glücklich umherzufliegen, sang von dem jungen, grünen Korn auf den Feldern und von den herrlichen Reisen, die sie auf ihren Schwingen hoch in die Luft hinauf machen konnte. Der arme Vogel war in keiner glücklichen Stimmung. Gefangen saß er im Käfig.

Das kleine Gänseblümchen wollte ihm so gerne helfen, aber wie sollte sie das anfangen, ja, es war schwer, ein Mittel zu finden. Es vergaß fast, wie schön alles rundumher stand, wie warm die Sonne schien und wie schön seine eigenen Blätter aussahen. Ach, sie konnte nur an den armen Vogel denken, für den sie doch gar nichts tun konnte. Zu gleicher Zeit kamen zwei kleine Knaben aus dem Garten; der eine hatte ein Messer in der Hand, ebenso groß und scharf wie das, mit dem das Mädchen die Tulpen abgeschnitten hatte. Sie gingen gerade auf das kleine Gänseblümchen zu, das gar nicht begreifen konnte, was sie wollten.

„Hier können wir uns einen prächtigen Rasenfleck für die Lerche herausschneiden!", sagte der eine Knabe und begann ein Viereck tief um das Gänseblümchen herum herauszuschneiden, sodass es mitten in dem Rasenfleck zu stehen kam. „Reiß die Blume ab!", sagte der andere Knabe und das Gänseblümchen zitterte ordentlich vor Angst, denn abgerissen werden, hieß ja das Leben verlieren, und nun wollte sie so gern leben, da sie doch mit dem Rasenfleck in den Bauer zu der gefangenen Lerche kommen sollte.

„Nein, lass sie sitzen!", sagte der andere Knabe, „sie putzt so hübsch!" Und so blieb sie stehen und kam mit in den Bauer zu der Lerche. Aber der arme Vogel klagte laut über die verlorene Freiheit und schlug mit den Flügeln gegen den Eisendraht des Käfigs; das kleine Gänseblümchen konnte nicht sprechen, konnte nicht ein tröstendes Wort sagen, wie gerne sie es auch wollte. So verging der ganze Vormittag.

„Hier ist kein Wasser!", sagte die gefangene Lerche, „sie sind alle fortgegangen und haben vergessen, mir einen Tropfen zu trinken zu geben! Mein Hals ist trocken und brennend! Es ist, als ob Feuer und Eis in mir wären und die Luft ist so schwer! Ach, ich muss sterben, muss fort von dem warmen Sonnenschein, dem frischen Grün, von all der Herrlichkeit, die Gott geschaffen hat!", und sie bohrte ihren Schnabel in den kühlen Rasenfleck, um sich dadurch ein wenig zu erfrischen; da fielen ihre Augen auf das Gänseblümchen; der Vogel nickte ihm zu, küsste es mit dem Schnabel und sagte: „Du musst auch hier drinnen verwelken, du arme, kleine Blume! Dich und den kleinen, grünen Rasenfleck hat man mir für die ganze Welt gegeben, die ich draußen hatte! Jeder kleine Grashalm soll für mich ein grüner Baum sein, jedes von deinen weißen Blättchen eine duftende Blume! Ach, Ihr erzählt mir nur, wie viel ich verloren habe!"

„Wer ihn doch trösten könnte!", dachte das Gänseblümchen, aber es konnte kein Blatt bewegen; doch der Duft, der aus den feinen Blättchen strömte, war weit stärker, als man ihn sonst bei dieser Blume findet. Das merkte der Vogel auch, und obgleich er vor Durst verschmachtete und in seiner Pein die grünen Grashalme abriss, berührte er doch das Blümchen nicht. Es wurde Abend, und noch immer kam niemand und brachte dem armen Vogel einen Tropfen Wasser; da streckte er seine hübschen Flügel aus, schüttelte sie krampfhaft, sein Gesang war ein wehmütiges Piepiep; das kleine Köpfchen neigte sich der Blume entgegen, und des Vogels Herz brach vor Durst und Sehnsucht. Da konnte das Blümchen nicht mehr, wie am Abend vorher, seine Blätter zusammenfalten und schlafen, sie hingen krank und traurig zur Erde nieder.

Erst am nächsten Morgen kamen die Knaben, und als sie den Vogel tot sahen, weinten sie. Sie weinten viele Tränen und gruben ihm ein niedliches Grab, das mit Blumenblättern geschmückt wurde. Des Vogels Leiche kam in eine schöne, rote Schachtel; königlich sollte er begraben werden, der arme Vogel! Als er lebte und sang, vergaßen sie ihn, ließen ihn im Bauer sitzen und Durst leiden, nun bekam er Pracht und viele Tränen. Aber der Rasenfleck mit dem Gänseblümchen wurde auf die Landstraße in den Staub geworfen. Niemand dachte an sie, die doch am meisten für den kleinen Vogel gefühlt hatte und ihn so gerne getröstet hätte!

Hans Christian Andersen (1805–1875)

Campanula

Die Glockenblume

Sinnbild der Verbundenheit

Im Sommer blühen sie an Wald- und Wegrändern, aber auch unsere Gärten verschönern die Glockenblumen mit ihren unzähligen Violetttönen. Sowohl ihr deutscher als auch ihr lateinischer Name beschreibt die glockenförmige Blütenform, die sich nach unten hin sternförmig öffnet.

Mehr als 300 Arten umfasst die Gattung und sie hat sich an die verschiedensten Lebensräume angepasst. Je nach Art gedeihen sie im Hochgebirge oberhalb von 2000 Metern genauso wie in Beeten, im Steingarten, ja manchmal reichen sogar die Ritzen zwischen den Gehwegplatten - und Mystiker glauben, sie würden auf geheimnisvolle Elfenplätze hindeuten, die die Blumenkinder besuchen und die hutförmige Blüte als Kopfbedeckung tragen.

In der Sprache der Blumen symbolisiert die Glockenblume Zusammengehörigkeit und Einigkeit, aber auch Dankbarkeit und Anerkennung. Als Geschenk sagt sie so viel wie: „Unsere Herzen schlagen im selben Takt".

Besonders beliebt in der Kräuterküche ist die Rapunzel-Glockenblume, deren junge Blattrosetten wie Feldsalat zubereitet werden können. Man vermutet, dass im Märchen „Rapunzel" von den Gebrüdern Grimm die Blätter dieser Blume von der Schwangeren so sehr begehrt wurden, dass sie dafür der bösen Hexe ihr Kind versprach. Von der Hexe in einen Turm gesperrt, konnte das herangewachsene Mädchen nur mithilfe ihrer meterlangen Haare gerettet werden.

Wurzelgemüse: Die rübenartigen Wurzeln der Rapunzel-Glockenblume waren im Mittelalter wegen ihres süßlichen Geschmacks beliebt und wurden als Gemüsepflanze kultiviert.

Die Heidekräuter

Einsame Liebe

Es ist ein beeindruckendes Naturschauspiel, wenn im Spätsommer die Heidekräuter blühen und ganze Landschaften in Rosa- und Lilatöne tauchen. Aber was im Volksmund fälschlicherweise als Erica bezeichnet wird, ist meist die Besenheide, die auch Sommerheide genannt wird. Auch die Winter- oder Schneeheide, die mit ihren rötlichen Blütenständen erst in der kalten Jahreszeit erfreut, gehört zur Familie der Heidekrautgewächse. Die Bezeichnung „Erica" ist hier korrekt, umfasst über 800 Arten und wächst vor allem in den Gebirgen Mittel- und Südeuropas.

Heidekräuter blühen über mehrere Monate, sie werden daher auch als Blume der Langlebigkeit bezeichnet. Sie wachsen auf kargen Böden und dulden kaum andere Pflanzen neben sich. Auf diesen freien Flächen fanden früher häufig erbitterte Kriege statt, sodass die rötliche Farbe der Heide dem vergossenen Blut der Kämpfer, die für ihr Heimatland gestorben sind, zugeschrieben wird.

Vor diesem Hintergrund ist die Heide ein Sinnbild für Tod, Kargheit, Trauer, Leere und Verdammnis. In der Blumensprache sagt sie: „Besuche mich in meiner Einsamkeit", und wird häufig auch für Grabbepflanzungen verwendet, um die enge Verbindung zum Verstorbenen zum Ausdruck zu bringen. Aber das Heidekraut steht auch als Zeichen für Romantik und Schönheit. In unzähligen Liebesromanen und -filmen treffen sich die Liebenden in der blühenden Heide, die hier symbolisch für das Versprechen „Du bist mein Alles" steht.

Einsame Heiden: Nicht-christianisierte Menschen wurden früher als „Heiden" bezeichnet, wahrscheinlich weil die in der einsamen Heide lebende Bevölkerung häufig nicht zum Christentum bekehrt worden war und noch lange an die alten Götter glaubte.

MB

Hibiscus

Der Hibiskus

Exotische Schönheit

Sie fallen auf, die riesigen, verführerisch schönen Blüten des Hibiskus, mit ihren kräftigen Farben und dem eindrucksvollen Stempel in der Blütenmitte. Ursprünglich stammte die Pflanze aus verschiedenen tropischen und subtropischen Gebieten der Welt und gelangte über die Seidenstraße aus den Gärten Chinas in den Vorderen Orient. Gegen Ende des 16. Jahrhunderts kam der Hibiskus nach Mitteleuropa und wurde im Volksmund auch „Chinarose" genannt.
Mit ihrer Eleganz kann die Blüte durchaus mit der Rose konkurrieren. Kein Wunder, dass sie auf Hawaii auch als „königliche Blume" bezeichnet wird und als Zeichen für Respekt und Macht zur Staatsblume erkoren wurde.

> Während die Hibiskusblüte in China für Ruhm, Reichtum und Pracht steht, wird sie in Japan als „sanfte Blüte" bezeichnet. In Polynesien ist sie ein Ausdruck für Liebe, deshalb tragen Frauen, die für eine Beziehung offen sind, die Blüte hinter dem rechten Ohr, wenn sie schon vergeben sind, hinter dem linken Ohr.

In vielen Ländern werden Hibiskusblüten auch zur Teeherstellung verwendet. Die in der Blume enthaltenen Säuren geben dem Tee einen säuerlichen Geschmack und die besonderen Pflanzenfarbstoffe färben den Teeaufguss dunkelrot. Das Getränk soll eine blutdrucksenkende Wirkung haben und wird wegen seines hohen Vitamin-C-Gehalts auch bei Erkältungskrankheiten empfohlen.

Ein Augenschmaus: Die Hibiskusblüte ist die offizielle Staatsblume der Inseln von Hawaii und ist Teil des traditionellen Blumenschmucks, der um den Hals getragen wird. Häufig wird die Kette auch Besuchern des Urlaubsparadieses zur Begrüßung umgehängt und symbolisiert Ehre, Freundschaft und Frieden.

Blaue Hortensie

So wie das letzte Grün in Farbentiegeln
sind diese Blätter, trocken, stumpf und rauh,
hinter den Blütendolden, die ein Blau
nicht auf sich tragen, nur von ferne spiegeln.
Sie spiegeln es verweint und ungenau,
als wollten sie es wiederum verlieren,
und wie in alten blauen Briefpapieren
ist Gelb in ihnen, Violett und Grau;
Verwaschenes wie an einer Kinderschürze,
Nichtmehrgetragenes, dem nichts mehr geschieht:
wie fühlt man eines kleinen Lebens Kürze.
Doch plötzlich scheint das Blau sich zu verneuen
in einer von den Dolden, und man sieht
ein rührend Blaues sich vor Grünem freuen.

Rainer Maria Rilke (1875–1926)

Die Hortensie

Blüten im Überfluss

Wenn die heißen Sommertage Einzug halten, ist die Blütezeit der Hortensien. Die pompösen ball- oder schirmförmigen Blütenstände sind ein wahrer Blickfang und der Stolz aller Gartenbesitzer. Allerdings ist die farbenprächtige Hortensie eine durstige Pflanze, daher trägt sie wegen ihres hohen Wasserbedarfs und ihrer typischen Strauchform den botanischen Namen „Hydrangea", auf Deutsch „der Wasserkrug". Sie muss häufig gegossen werden, sonst lässt sie in der Sommerhitze rasch ihre Blätter hängen.
Woher der Name „Hortensie" stammt, lässt sich nicht sicher belegen. Einerseits kann er auf das lateinische Wort „hortus", der Garten, zurückzuführen sein. Eine andere Theorie besagt, dass der französische Botaniker Philibert Commerson die Blume zu Ehren einer Frau namens „Hortense" getauft hat.

Die eindrucksvollen Blütenstände setzen sich aus vielen großen, unfruchtbaren Schaublüten am Rand und nur wenigen kleinen, fruchtbaren Blüten in der Mitte zusammen. Trotz ihrer Pracht sind sie daher für Insekten als Nektarquelle kaum geeignet, als Geschenk dafür umso mehr. Sie stehen für Hochachtung, Bewunderung sowie Großzügigkeit und Überfluss. Selbst in getrocknetem Zustand sind sie für Dekorationszwecke äußerst beliebt.

Spannend ist die Beeinflussbarkeit der Blütenfarbe je nach Düngung der Pflanze. Während weiße Hortensien ihre Farbe nicht wechseln, behalten blaue Blüten nur bei einem niedrigen pH-Wert im Boden ihre Farbe, während sie sich im alkalischen Milieu zu rosa umfärben.

Wieder im Trend: Ende des 18. Jahrhunderts gelangte die Hortensie über China und Japan nach Europa. Während die Blume zwischenzeitlich aus der Mode gekommen war, erfreut sie sich heute wieder größter Beliebtheit.

Hydrangea

MB

Rosa Hortensie

Wer nahm das Rosa an?
Wer wusste auch, dass es sich sammelte in diesen Dolden?
Wie Dinge unter Gold, die sich entgolden,
entröten sie sich sanft, wie im Gebrauch.
Dass sie für solches Rosa nichts verlangen.
Bleibt es für sie und lächelt aus der Luft?
Sind Engel da, es zärtlich zu empfangen,
wenn es vergeht, großmütig wie ein Duft?
Oder vielleicht auch geben sie es preis,
damit es nie erführe vom Verblühn.
Doch unter diesem Rosa hat ein Grün
gehorcht, das jetzt verwelkt und alles weiß.

Rainer Maria Rilke (1875-1926)

Hyacinthus

Die Hyazinthe

Zeichen der Aufrichtigkeit

Der Jüngling Hyacinthos war von so auffallender Schönheit, dass sich der Gott Apollon der griechischen Mythologie zufolge sofort in ihn verliebte. Als sich eines Tages der hübsche, junge Mann und der Gott beim gemeinsamen Diskuswerfen vergnügten, warf Apoll die Scheibe versehentlich auf den Knaben und traf ihn tödlich. Aus Verzweiflung über den Verlust verwandelte der Gott die Blutstropfen des geliebten Freundes in Blumen, die Hyazinthen. Ursprünglich stammten die Hyazinthen aus dem Orient und gelangten im 16. Jahrhundert als Zierpflanze nach Europa. Wegen ihres berauschenden Dufts wurden sie erst den Liliengewächsen zugeordnet. Die begehrten Zwiebeln waren eine Rarität und so wertvoll, dass sich nur wenige Reiche die Blume leisten konnten. Deshalb galt sie früher als Symbol für Macht und Schönheit. Heute ist die Hyazinthe mit ihren traubenförmigen Blütenständen für jeden erschwinglich. Botanisch wird sie inzwischen den Spargelgewächsen zugeordnet.

Im Frühjahr ist sie ein beliebtes Mitbringsel. Gerade die blaue Hyazinthe gilt als Sinnbild der Aufrichtigkeit und steht im christlichen Glauben für Liebe und Glück. Daher wird sie als Christussymbol oft auf Gemälden wie der „Anbetung der Hirten" von Lorenzo di Credi verwendet, das die Geburt Jesu darstellt und in den Uffizien in Florenz zu bewundern ist.

Hyazinthen in der Poesie: Die Schönheit und der Duft der Hyazinthe beeindruckte auch viele Dichter. So schrieb Ovid in seinen Metamorphosen über die Blume, „sooft das Frühjahr den Winter vertreibt, so oft erstehst du auf und blühst auf grünen Wiesen". Der persische Dichter Saadi im 13. Jahrhundert zeigte seine besondere Wertschätzung mit den Worten:

„Wenn du beraubt wirst allen Guts auf Erden,
und nur zwei Brote dir belassen werden,
verkaufe eins, und vom Erlös kauf Hyazinthen:
Daran wird deine Seele Nahrung finden."

Der Echte Jasmin

Ein bezauberndes Kompliment

Der intensive Duft des Jamins ist fast noch schöner als seine weißen, zierlichen Blüten und machen ihn zu einer beliebten Garten- und Zimmerpflanze. In der Sprache der Blumen symbolisiert er Reinheit, Anmut, Eleganz und Liebenswürdigkeit. Als Geschenk für den Partner oder die Partnerin eignet er sich ganz besonders gut, denn er macht ein großes Kompliment: „Du bist bezaubernd!"

Der aus dem Persischen stammende Name „Jasmin" ist nach wie vor ein beliebter Mädchenname und bedeutet übersetzt „Wohlriechendes Öl". Das ätherische Öl der Pflanze wird sowohl als Aromastoff für den bekannten Jasmintee und Maraschino-Cocktailkirschen als auch für die Parfümherstellung genutzt. Coco Chanel verwendete gerne eine Jasminnote in ihren Parfüms und Körperölen. Das Gewinnen des ätherischen Öls ist allerdings sehr aufwendig, denn für ein Gramm Duftöl benötigt man etwa 8000 Blüten des indischen Jasmins.
Weltweit gibt es über 200 Jasminarten, die meisten stammen aus tropischen Gebieten Asiens, Afrikas und Australiens. Besonders in der orientalischen Kultur wird die Pflanze sehr geschätzt, die Blüten schmücken in Indien als Blumengirlanden die hinduistischen Tempel und sind als Hochzeitsdekoration sehr beliebt.

Der Winterjasmin *(Jasminum nudiflorum)* stört sich, anders als der frostempfindliche Echte Jasmin, nicht an kalten Temperaturen. Die gelben Blüten sitzen an den nackten Zweigen und strahlen wie goldene Sterne oft schon zur Weihnachtszeit.

Jasminum officinale

Der Echte Jasmin
gilt als Nationalblume
Tunesiens und Pakistans.

Aus des Jasmins bescheid'nen Blüten,
die tags den Duft so sorglich hüten,
dass erst, wenn entschwand das Sonnenlicht,
aus zarten Kelchen köstliches Geheimnis bricht.

William Shakespeare (1564–1616)

Nigella damascena

Die Jungfer im Grünen

Verschmähte Liebe

Wie ein tanzendes Mädchen im weiten Röckchen zwischen zart gefiedertem Laub präsentiert sich die pastellblaue Blüte und gab der Jungfer im Grünen ihren Namen. In Österreich wird sie auch „Gretl in der Stauden" genannt, was auf eine volkstümliche Tiroler Sage zurückgeht. Laut dieser musste sich die reiche Bauerstochter Gretl auf Wunsch der Eltern von ihrer großen Liebe, dem armen Hans, lossagen. Die Sehnsucht war jedoch so übermächtig, dass Gretl sich in einem Busch versteckte, um ihren Hans wenigstens aus der Ferne zu sehen, bis sie sich in die Jungfer im Grünen verwandelte. Hans wartete täglich am Weg auf seine Gretl, bis er zur Blume „Gemeine Wegwarte" wurde, auch „Hansl am Weg" genannt.

> Symbolisch steht die Jungfer im Grünen für die verschmähte Liebe und wurde früher dem Verehrer in einem Korb überreicht, was in der Blumensprache so viel heißt wie: „Ich will dich nicht!" Daher stammt vermutlich auch der Ausdruck „jemandem einen Korb geben".

Interessant ist auch der botanische Name „Nigella damescens". Zum einen erklärt er die Herkunft der Blume, die aus Damaskus stammt. Zum anderen verweist er durch die lateinische Bezeichnung „nigellus" auf die schwarze Farbe der Samen.
Die Pflanze ist eng mit dem Schwarzkümmel verwandt, und obwohl ihre Samen früher wegen des Waldmeistergeschmacks gerne zum Verfeinern von Süßspeisen verwendet wurden, spielen sie als Gewürz in der heutigen Küche keine große Rolle mehr.
Das liegt wahrscheinlich an dem in der Pflanze enthaltenen Alkaloid Damascenin, das in höherer Dosierung giftig ist. Das Öl aus den Samen kann aber für die Herstellung von Lippenstiften und Parfüms eingesetzt werden.

Die Kaiserkrone

Star am königlichen Hof

Wenn die Kaiserkrone im Frühjahr erblüht, kann man durchaus von einem royalen Auftritt sprechen. Stolz erhebt sie sich mit einer Wuchshöhe von bis zu 150 Zentimetern über alle anderen Pflanzen im Beet. Diesen Hochmut beschreibt auch eine alte christliche Sage, in der die damals noch weiß blühende Kaiserkrone zwischen vielen anderen Blumen auf dem Ölberg im Garten von Gethsemane stand. Nachdem Jesus durch Judas verraten wurde, senkten alle Pflanzen aus Mitleid ihre Köpfe, nur die stolze Kaiserkrone weigerte sich. Als Jesus dies sah, errötete die Blume vor Scham, senkte ihr Haupt und unstillbare Tränen fielen aus der Blüte.
In der persischen Sprache wird die ursprünglich aus den steinigen Höhenlagen des Nahen Ostens, Afghanistans und Pakistans stammende Pflanze „Ashk-e-Maryam", die Tränen Marias, bezeichnet. Im 16. Jahrhundert kam die außergewöhnliche Pflanze über das Osmanische Reich an den kaiserlichen Hof nach Wien, wo sie weiter kultiviert und verbreitet wurde. Der deutsche Name lässt sich entweder auf die kronenartige Blütenform zurückführen oder auf die Tatsache, dass damals alle Kaiserkronen aus dem kaiserlichen Hofgarten in Wien stammten. Sie galt in dieser Zeit als nahezu unerschwingliche Kostbarkeit, bis in Holland ihre Vermehrung aus Nebenzwiebeln gelang. Inzwischen ist die Kaiserkrone ein Klassiker in jedem typischen Bauerngarten.

> Als Mitbringsel hat sich die Kaiserkrone ihren früheren Glanz erhalten und macht dem Beschenkten ein ganz besonderes Kompliment: „Du bist königlich."

Florales Statussymbol: Im 16. Jahrhundert galt die Kaiserkrone als Sensation, was natürlich auch den berühmten Künstlern nicht verborgen blieb. In seinem bekannten Gemälde „Großer Blumenstrauß mit Kaiserkrone im Holzbottich" krönte der flämische Maler Jan Brueghel d. Ä. sein Werk mit der majestätischen Blüte.

Fritillaria imperialis

Camellia japonica

Die Kamelie war die Lieblingsblume von Coco Chanel. Bereits 1923 zierte die elegante Blüte aus zartem Stoff ein Chiffon-Kleid der Designerin.

Die Japanische Kamelie

Requisit der Ballsaison

In ihrer Heimat in Ostasien wird die Japanische Kamelie als Blume der Göttlichkeit verehrt, früher spielte sie als Dekoration in Hof- und Teezeremonien eine wichtige Rolle. Sie symbolisiert neben dem Neuanfang und dem Frühling auch Reinheit, Freundschaft und Harmonie.

Wahrscheinlich brachten portugiesische Seefahrer die Japanische Kamelie im 16. Jahrhundert auf ihren Handelsschiffen mit nach Europa. Die exquisite Schönheit und klassische Eleganz der Kamelie verschaffte der Blume schnell Zutritt in die Wohnräume der vornehmen Gesellschaft und in die Gärten der Königshäuser. Im 19. Jahrhundert kam es sogar zu einem wahren Kamelienboom. Sie wurde nicht nur in Sträußen verschenkt, sondern war während der Ballsaison ein wichtiger Teil der Garderobe - ob im Knopfloch von vornehmen Herren getragen oder als Schmuck in der Haarpracht der adeligen Damen.
Ihre berühmteste Rolle spielt die Kamelie im Roman „Die Kameliendame" von Alexandre Dumas aus dem Jahr 1848, in dem sich die Kurtisane Marguerite Gautier von ihrem adeligen Verehrer nur diese eine Blume schenken lässt. Besonders interessant ist dabei die Tatsache, dass die in ganz Paris verehrte Dame auf den allabendlichen Bällen 25 Tage lang mit einem weißen Kamelienstrauß erschien und an den übrigen fünf Tagen mit einem roten - was genau dem Zeitraum ihrer Menstruation entsprach. Inspiriert von Dumas' Roman erhielt die erste Einmalbinde für Frauen, die im Jahr 1926 produziert wurde, den Namen „Camelia".

Eine Blume für gewisse Stunden: In der Oper „La Traviata" von Guiseppe Verdi zeigen die attraktiven „Halbweltdamen" während der Ballsaison durch das Überreichen dieser Blume, welcher Jüngling sich zu ihren Liebhabern zählen darf, allerdings nur während der Blühzeit der Kamelie - ein recht kurzes Vergnügen.

Die Kapuzinerkresse

Kapuze der Mönche

Die Kapuzinerkresse wächst schnell und klettert gern an Zäunen und Mauern empor, das macht sie mit ihren großen gelben, orangen und roten Blüten zu einer beliebten Gartenpflanze. Die ausgefallene Form der Blüte mit dem langen Sporn hat zur Namensgebung geführt, denn ihr zipfelförmiges Aussehen erinnert an die Kapuzen der Kutten, wie sie Kapuzinermönche früher getragen haben.
Das Wort „Kresse" leitet sich von althochdeutsch „cresso" ab und bedeutet scharf - genauso schmeckt die Kapuzinerkresse auch. Der würzig-pfeffrige Geschmack der rundlichen Blätter erinnert an Senf, weshalb sie nicht nur als Zierpflanze, sondern auch als Küchenkraut verwendet wird. Gerne werden die Blätter für Salate geerntet oder als Kräuterquark oder -butter verarbeitet. Die schönen, essbaren Blüten eignen sich zudem hervorragend als Dekoration.
Die ursprünglich aus Südamerika stammende Pflanze spielt auch als Heilmittel eine wichtige Rolle, denn sie enthält nicht nur viel Vitamin C, sondern auch Senföle, die die Vermehrung von Pilzen, Bakterien und Viren hemmen. Die Kapuzinerkresse wird daher als „natürliches Antibiotikum" bei Infekten der Atem- und Harnwege eingesetzt.

> In der Sprache der Blumen gilt die Kapuzinerkresse als Blume der Begierde und mit ihrer flammend-orangen Blüte soll das Feuer der Leidenschaft zum Ausdruck gebracht werden. Bei einer neuen Bekanntschaft kann sie allerdings auch für Gleichgültigkeit stehen und ausdrücken: „Du verbirgst etwas vor mir."

Symbol des Sieges: Der botanische Name „Trophaeolum" leitet sich vom griechischen Wort „Tropaion" oder „Trophäe" ab, denn die Blätter der Kapuzinerkresse erinnern an Schilder und die Blüten an Helme. Diese Rüstungsteile der antiken Krieger wurden als Siegessymbol auf dem Schlachtfeld nach der Unterwerfung des Feindes aufgestellt.

Tropaeolum majus

Prunus

Auch auf Gemälden des
berühmtesten Malers des Impressionismus,
Claude Monet, sind die zauberhaften
Kirschblüten dargestellt.

MB

Die Kirschblüte

Märchenhafter Zauber

Am schönsten ist es, die berühmte Kirschblüte in Japan zu erleben. Und so strömen Menschen aus aller Welt allein für dieses zweiwöchige Spektakel nach Asien. Aber auch in unseren Breiten können alle Daheimgebliebenen die Kirschbäume im Frühling in ihrem weißen oder rosafarbenen Kleid von ihrer zauberhaftesten Seite erleben. Mit den japanischen Hanami-Feiern zu Ehren der Kirschblüte können wir hier allerdings nicht mithalten, denn die Festlichkeiten in Asien sind mehr als nur ein Frühlingsritual.
Familien, Freunde und Nachbarn treffen sich, um diesen Höhepunkt im japanischen Kalender gemeinsam zu feiern und unter den blühenden Bäumen zu picknicken. Die Japaner orientieren sich sogar an eigens für die Kirschblüte angefertigten Plänen, wann sich welcher Baum in seiner schönsten Pracht zeigt. Natürlich gibt es unzählige Gedichte und Lieder, die von der „Sakura", der japanischen Kirschblüte, erzählen. Hier wird die Blütenpracht der Bäume mit weißen Wolken am Himmel verglichen und die verwelkten, herabfallenden Blüten mit Schneeflocken, die zur Erde niedersinken.

Die Kirschblüte gehört zu den wichtigsten Symbolen der japanischen Kultur. Sie versinnbildlicht nicht nur den Frühling und die Schönheit, sondern auch die Erneuerung und die Vergänglichkeit des Lebens, denn die Zeit der Kirschblüte ist nur kurz.

Barbarazweige: Noch heute ist es ein christlicher Brauch, am 4. Dezember, dem Namenstag der Heiligen Barbara, Kirschzweige zu schneiden und in eine Vase zu stellen, damit sie uns zu Weihnachten mit ihren zarten Blüten erfreuen. Dieser Brauch geht auf die Sage von Barbara von Nikomedien zurück, die wegen ihres Übertritts zum Christentum angeklagt und zum Tode verurteilt wurde. Auf ihrem Weg ins Gefängnis blieb der Zweig eines Kirschbaums in ihrem Kleid hängen. Barbara stellte ihn ins Wasser und am Tag ihrer Hinrichtung öffneten sich die Kirschblüten.

Das Kind, das mit offenem Mund
die fallenden Kirschblüten bestaunt –
es ist ein Buddha.

Yasuhara Teishitsu (1610–1673)

MB

Die Kornblume

Symbol Preußens

Früher standen sie zu Hunderten in jedem Getreidefeld, darauf ist auch der Name der Kornblume zurückzuführen. Damals waren die Blumen bei den Bauern nicht beliebt, weil sie angeblich die Ernte minderten. Deshalb wurde die Kornblume nahezu ausgerottet. Inzwischen erfreuen wir uns an ihrem Anblick, denn die leuchtend blaue Blume steht heute für eine gesunde Landwirtschaft frei von Überdüngung und Pestiziden.
Die rein blaue Farbe ist sehr selten im Reich der Blumen. Die Blüten sehen nicht nur schön aus, sie reflektieren das UV-Licht besonders stark und wirken so auf Insektenaugen äußerst anziehend. Während der Mensch diese Wellenlänge nicht wahrnehmen kann, ist die Kornblume für Bienen und Hummeln kaum zu übersehen und aufgrund des hohen Zuckergehalts in ihrem Nektar außerordentlich beliebt.

Die Kornblume könnte reales Vorbild für das zentrale Symbol der Epoche der Romantik - die blaue Blume - gewesen sein. So steht sie sinnbildlich für romantische Motive wie Sehnsucht, Geheimnis, Naturverbundenheit sowie das Streben nach Unendlichkeit und Liebe.

Blume der Preußen: Zudem war sie die Lieblingsblume der preußischen Königin Luise und wurde zum Symbol für den Wiederaufstieg Preußens bis hin zum Deutschen Kaiserreich. Wer in Berlin die blaue Blüte im Knopfloch an der Brust trug, bezeugte so seine Zuneigung und Treue zum Herrscherhaus.

Centaurea cyanus

Der Sage nach verdankt die Kornblume
ihren botanischen Namen dem Kentauren Chiron,
der an einer vergifteten Wunde litt,
die durch einen Verband aus Kornblumen
wieder verheilte.

Crocus

Der Krokus

Farbtupfer im Frühling

Wenn nach den langen, kalten Wintermonaten die Insektenwelt erwacht, sind die Krokusse eine besonders wichtige Nahrungsquelle, vor allem für Bienen und Hummeln. Während sie im Garten meist an einzelnen sonnigen Flecken erste kräftige Farbtupfer setzen, bedecken nach der Schneeschmelze im Gebirge unzählige wilde Krokusse wie ein weiß-violetter Teppich die Berghänge.

> Mit seinen bunten Farben verbreitet der Krokus Lebensfreude und gute Laune nach den trüben Wintertagen und gilt als Symbol der göttlichen Weisheit, aber auch der leidenschaftlichen Liebe. Im Altertum wurde er die „Blume der Nacht" genannt, da man aus dem Safran-Krokus einen Liebestrank herstellte, der auf die Kissen der Brautleute geträufelt wurde. Die Römer pflanzten ihn auf die Gräber ihrer Verstorbenen als Zeichen der Hoffnung auf ein überirdisches Leben.

Während die meisten Menschen mit dem Krokus das Frühjahr verbinden, blühen ein Drittel der Arten erst im Herbst. Besonders bekannt ist hier der Safran-Krokus, der sowohl als Heilpflanze in der Homöopathie als auch als Gewürz Verwendung findet. Der Safran-Krokus stammt meist aus dem Iran, wo die Staubfäden in mühevoller Arbeit geerntet werden. Der Safran ist heute das teuerste Gewürz der Welt. Gerichten wie Paella und Risotto gibt der Safran neben einem herb-scharfen Geschmack seine typische goldgelbe Farbe.

Vorsicht, Verwechslungsgefahr!
Für das ungeübte Auge sehen sie ähnlich aus, der Herbstkrokus und die Herbstzeitlose (Colchicum autumnale) - diese gehört allerdings zu den gefährlichsten Giftpflanzen. Man muss genau hinsehen, um den Unterschied zu erkennen: der harmlose Herbstkrokus besitzt drei Staubblätter, die Herbstzeitlose dagegen sechs.

Der Lavendel

Entspannung für Körper und Seele

Lila blühende Lavendelfelder so weit das Auge reicht - dieses traumhaft schöne Bild verbinden wir unweigerlich mit der Provence. Aber auch aus unseren Gärten oder Balkonen ist der duftende Strauch nicht mehr wegzudenken. Der typische Geruch an einem warmen Tag lässt uns von einem Urlaub im Süden träumen.

Der Name „Lavendel" leitet sich vom lateinischen Wort „lavare" für waschen ab. Die Pflanze nutzte man jedoch nicht nur für die Reinigung mit Seife, ihr frischer Duft allein vermittelte ein Gefühl von Reinheit. Im Mittelalter galt der Lavendel daher als Symbol der Unberührtheit der Jungfrau Maria.

Das ätherische Öl, das aus getrockneten Blüten gewonnen wird, ist ein fester Bestandteil der Aromatherapie und aus der Parfümherstellung nicht mehr wegzudenken. Der Duft von Lavendel beruhigt und wird daher gerne als entspannender Badezusatz bei Einschlafproblemen und Migräne verwendet.

> Im Volksglauben war der Lavendel auch ein Schutzkraut, dessen Duft zur Abwehr des Bösen, in Gestalt von Hexen, Dämonen und Albträumen, eingesetzt wurde. Heute gilt der Lavendel als Blume der Erinnerung, die an das Glück und die Freude vergangener Tage zurückdenken lässt. Er steht neben Ausgeglichenheit, Demut und Stille auch für den Seelenfrieden und das Gedenken an eine liebe verstorbene Person.

Verabredung mit dem Sonnenkönig: König Ludwig XIV. ließ den schönen Damen, die er begehrte, in Ambra getränkte Lavendelähren überreichen. Die Angebeteten zeigten dem Sonnenkönig ihr Interesse an einem Rendezvous, wenn sie sich die Ähren in den Mund schoben. Der Lavendel gilt daher als Symbol für ein geheimes Einverständnis in der Liebe. Sein Duft soll auch gegen Liebeskummer helfen.

Lavandula

'Hidcote'
'Miss Katherine'
'Nana Alba'
'Loddon Pink'

'Munstead'

Lavandula stoechas: 'Willowbridge Callico'

MB
L. stoechas
ssp. pedunculata

Lilium

In Japan wird die Lilie „takane no hana“ genannt, was wörtlich „die auf einem hohen Felsen wachsende Blume“ bedeutet und ihre unerreichbare Schönheit beschreibt.

Die Lilie

Überirdische Schönheit

Die Lilie gehört zu den wenigen Blumen, deren Ausstrahlung so majestätisch ist, dass sie dem Betrachter wie eine überirdische Schönheit erscheint. In ihrer Heimat Kleinasien als heilig verehrt, war sie in der Antike für ihre aphrodisierende Wirkung bekannt. Die alten Römer füllten ihre Kissen mit Lilienblüten, um sich nachts berauscht von ihrem betörenden Duft den Wonnen der Lust hinzugeben.

Mit Lilien gekrönt als Zeichen ihrer Liebe hofften griechische und römische Bräute auf ein langes und fruchtbares Leben. Und sogar auf ihre Münzen prägten die Römer die verehrte Blume, versehen mit dem Text „Spes populi romani", was übersetzt bedeutet „die Hoffnung des römischen Volkes".

Zahlreiche Götter wurden auf Darstellungen mit dem Symbol der Lilie versehen, so ist Zeus im Pantheon in ein lilienbesticktes Gewand gehüllt, die schöne Venus Urania hält eine Lilie in der Hand, genauso wie Thor, der Donnergott, der mit Donner und Blitz sowie dem Lilienzepter regiert.

Seit dem Christentum steht die weiße „Madonnen-Lilie" als absolutes Sinnbild für die Jungfrau Maria, ihre Keuschheit, Reinheit und immerwährende Jungfräulichkeit, aber auch für das ewige Leben. Mit ihrer weißen Farbe symbolisiert sie die Unschuld der Verstorbenen und ist daher als „Todesblume" häufig als Grabschmuck zu finden.

Neuartiges Lebensmittel: Eher unbekannt ist die Nutzung der Lilie als Heilpflanze, denn sie kann als Antiseptikum und zur Wundheilung angewendet werden. Da die Knolle in China seit über 25 Jahren ohne gefährliche Folgen verspeist wird, wurde sie nun auch hierzulande als Lebensmittel eingestuft.

Die Indische Lotusblume

Vollendete Reinheit

Majestätisch erhebt sich die Lotusblume mit ihren rosa bis weiß gefärbten Blütenhüllblättern über das dunkle Wasser, umgeben ist sie von riesigen Laubblättern, deren Durchmesser 60 Zentimeter und mehr betragen können. Im Buddhismus wird sie auch als „Heilige Blume" oder „Blume des Lebens" verehrt, da die Gläubigen in ihr den Geburtsort Buddhas sehen. Mit den Worten „O mani padme hum", auf Deutsch „Du Juwel in der Lotusblüte", preisen sie Tag für Tag die ausgefallene Blume und schicken ihr Lob weit über die Berge und Täler des Himalayas.

Die Lotusblume steht als Sinnbild für die Reinheit des Herzens, die Erleuchtung, das Leben und auch für die Wiedergeburt. Ihre sich öffnenden Blütenblätter stellen die Entfaltung der Seele dar und die Nektartropfen am Griffel, der in dieser Form in der Pflanzenwelt einzigartig ist, symbolisieren glitzernde Juwelen.

Trotz ihrer sumpfigen Umgebung ist die Blume stets von einer vollendeten Reinheit, denn ihre Blätter und Blüten lassen Wasser und Schmutz an sich abperlen. Diese Selbstreinigungsfähigkeit wird auch „Lotus-Effekt" genannt.
In der asiatischen Küche werden die riesigen Lotusblätter gerne zum Servieren von Speisen genutzt, die Wurzel wird als Gemüse verwendet. Die zwei bis drei Meter langen Stängel liefern feinste Fasern, die zu Garn gesponnen und dann zu Lotusseide weiterverarbeitet werden. Kleidung aus Lotusseide war früher buddhistischen Mönchen vorbehalten, heute wird sie auch von exklusiven Modeunternehmen genutzt.

Bekannteste Yoga-Übung: Der Lotussitz ist eine Körperhaltung, die während der Meditation im Buddhismus und Hinduismus eingenommen wird und an die Form einer Lotusblüte erinnert.

Nelumbo nucifera

Der spektakuläre Lotustempel in Delhi in Indien, der die Form einer Lotusblume nachahmt, hat der außergewöhnlichen Pflanze ein Denkmal gesetzt.

Magnolia

Nach der Purpur-Magnolie (*Magnolia liliiflora*), auch als Mulan-Magnolie bezeichnet, wurde die Heldin im gleichnamigen Zeichentrickfilm von Walt Disney benannt.

Die Magnolie

Empfindliche Blütenpracht

Frei stehend in einem Garten oder Park mag es die Magnolie am liebsten und so kann sie ihre üppige Pracht auch am besten zur Schau stellen. Die großen Blüten, die ein wenig an Tulpen erinnern, zeigen von April bis Mai ihre bezaubernde Schönheit, wenn nicht ein unerwartet später Frost im Frühling den empfindlichen Knospen schwere Schäden zugefügt hat.
Die Magnolie stammt aus Asien und wurde dort schon vor mehr als 2000 Jahren kultiviert. Aus den Gärten buddhistischer Tempel hat sie sich über die ganze Welt ausgebreitet und gehört mit ihren über 200 Arten zu den beliebtesten Ziergehölzen.
Die Pflanze gelangte im 18. Jahrhundert nach Europa und wurde nach dem französischen Botaniker Pierre Magnol benannt. Anfangs waren die besonderen Bäume allein den Gärten der Wohlhabenden vorbehalten, denn von ihrem Austrieb aus dem Samen bis zur ersten Blüte dauerte es bis zu 25 Jahre. Erst durch wiederholte Kreuzungen konnte die Zeit bis zur Blüte verkürzt und gleichzeitig unterschiedlichste Blütenfarben und -formen gezüchtet werden.

Magnolien sind ein ausgefallenes Geschenk und passen zu jedem Anlass. In der Sprache der Blumen stehen sie für Anmut, Reinheit und Schönheit, wegen ihrer Frostempfindlichkeit aber auch für Zerbrechlichkeit und den Wunsch nach Langlebigkeit. In Asien ist die Blume das Symbol für das weibliche Yin und wird in der chinesischen Medizin auch als Heilmittel mit entzündungshemmender und beruhigender Wirkung eingesetzt.

The Magnolia State: Der US-Bundesstaat Mississippi wird wegen seiner zahlreichen Magnolienbäume auch „The Magnolia State“ genannt und trägt eine Magnolienblüte in seiner Flagge.

Das Maiglöckchen

Giftiger Glücksbringer

Alles neu macht der Mai, heißt es, und das süß duftende Maiglöckchen hat einen nicht unerheblichen Anteil daran. In schattigen Tälern zwischen naturbelassenen Gehölzen wachsen die Wildblumen in großen Kolonien und gelten als Symbol für Glück, Liebe und das Ende allen Kummers.

Zunächst den Frühlingsgöttinnen geweiht, galt das Maiglöckchen später im Christentum als Symbol für Marias Reinheit, Bescheidenheit und Demut. Der Legende nach soll es erstmals neben dem Kreuz Christi gewachsen sein, wo Maria kniete und weinte - deshalb wird es auch „Marientränen" genannt. Als Geschenk drückt das Maiglöckchen innige Liebe aus und gilt als Glücksbringer.

Aber Vorsicht, das Maiglöckchen ist sehr giftig. Unglücklicherweise ähneln die Blätter des Maiglöckchens stark denen des essbaren Bärlauchs, sodass es beim Sammeln häufig zu Verwechslungen und schweren Vergiftungen kommt. Während es heute wegen seiner Giftigkeit nicht mehr als Heilpflanze verwendet wird, ließen sich zu früheren Zeiten bedeutende Ärzte wie Nikolaus Kopernikus mit einem Maiglöckchen als medizinischem Symbol abbilden.

Tag des Maiglöckchens: Am 1. Mai wird in Frankreich neben dem Tag der Arbeit und dem Beginn des Sommers auch das Maiglöckchen-Fest gefeiert. In großen Schalen werden Sträuße aus den duftenden Blumen verkauft und verschenkt - ein Brauch, der auf König Karl den XI. zurückgeht, der am 1. Mai 1560 den adeligen Damen am Hofe mit diesem Liebesgruß seine Zuneigung bekundete.

Der botanische Name „Convallaria majalis" setzt sich aus den lateinischen Wörtern „convallis", der Talsenke, und „majalis", also „im Mai blühend", zusammen.

Convallaria majalis

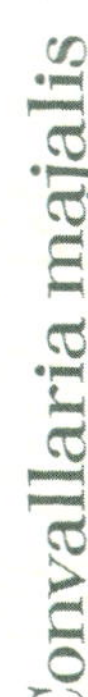

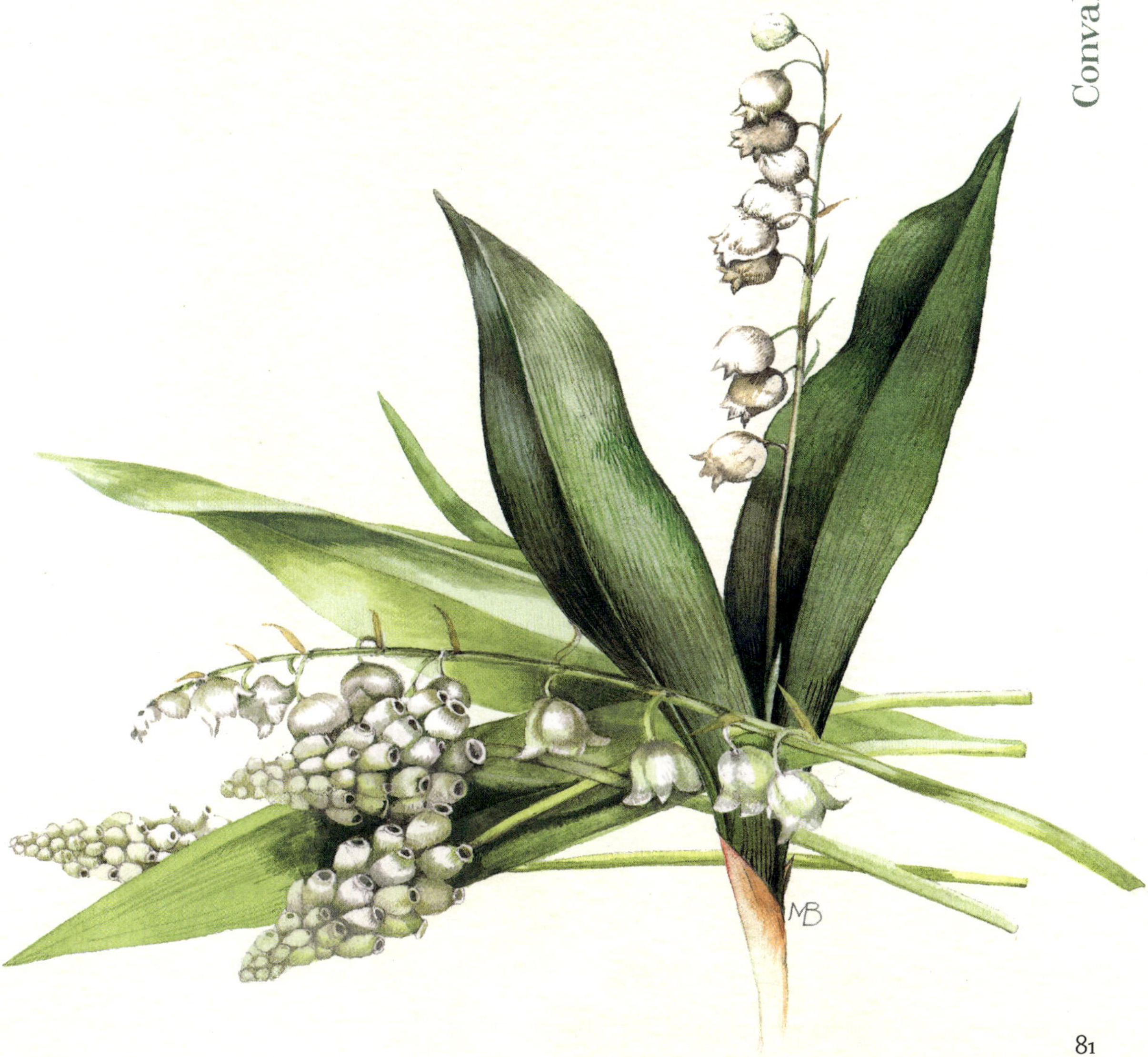

Läuten kaum die Maienglocken,
leise durch den lauen Wind,
hebt ein Knabe froh erschrocken,
aus dem Grase sich geschwind.
Schüttelt in den Blütenflocken,
seine feinen blonden Locken,
Und nun wehen Lerchenlieder
und es schlägt die Nachtigall,
von den Bergen rauschend wieder
kommt der kühle Wasserfall.
Rings im Walde bunt Gefieder,
Frühling ist es wieder
und ein Jauchzen überall.

Joseph von Eichendorff (1788-1857)

Papaver

Die Mohnblume
Pflanze der Götter

Während früher tausende Mohnblumen die Getreidefelder Mitteleuropas feuerrot leuchten ließen, ist dieser Anblick - ähnlich wie bei der Kornblume - durch Herbizide und intensive Düngung in der Landwirtschaft selten geworden. Heute sieht man die auch Klatschmohn oder Klatschrose genannte Blume mit ihren hauchzarten Blütenblättern, die an zerknitterte Seide erinnern, nur noch vereinzelt an Ackergrenzen und Straßenrändern. (hier bitte Illu Papaver rhoeas)

Ihr besonderes Rot und die rasche Vergänglichkeit der Blüten sind ein Sinnbild für die Liebe und Leidenschaft, aber auch deren Endlichkeit. In der christlichen Kirche stellt die Pflanze ein Symbol für die Passion Christi dar, mit dem Weizen als Leib Jesu und der roten Mohnblume als Blut des Heilands. Aber sie steht auch für das Blut tausender gefallener Soldaten, die auf den heute rot blühenden Schlachtfeldern an der deutsch-französischen Grenze im Ersten Weltkrieg ihr Leben gelassen haben.

Von großer Bedeutung für die Menschheit ist bis heute der Schlafmohn, botanisch „Papaver somniferum" genannt, der bereits auf Darstellungen der Sumerer etwa 4000 vor Christus zu sehen ist. Diesen Völkern war schon früh die schmerzlindernde und auch narkotisierende Wirkung des Opiums aus der Samenkapsel bekannt. Bei den Assyrern wurde die Blume daher „Pflanze der Freude" genannt. Die alten Römer gaben ihren Kindern abends Brei mit Mohnsaft versetzt, damit sie besser einschlafen, was auch die lateinischen Wörter „pappare", übersetzt „essen", und „somniferum", auf Deutsch „schlafbringend", erklären. Bis heute werden die aus dem Schlafmohn gewonnenen Substanzen Morphin, Kodein und Heroin therapeutisch als auch als Droge genutzt.

Pflanze aus dem Göttergarten: In der alten Welt galt der Mohn als die Pflanze der Götter, die im Garten der Hekate gut geschützt von hohen Mauern wuchs und von der jungfräulichen Jagdgöttin Artemis bewacht wurde.

Die Narzisse

Blume der Osterzeit

Im Frühjahr blühen die gelb-orangen Narzissen überall, in Gärten, Parks, sogar auf Verkehrsinseln, meistens genau zur Osterzeit, was der Blume wegen ihrer hängenden Blüten auch den volkstümlichen Namen „Osterglocke" eingebracht hat. Der botanische Name geht auf eine Sage der griechischen Mythologie zurück, die erzählt, wie der eitle Jäger Narziss stundenlang verliebt sein eigenes Spiegelbild im Wasser einer Quelle betrachtete. Vergeblich versuchte er danach zu greifen und als er merkte, dass das schöne Abbild für ihn unerreichbar bleiben würde, starb er an seiner unerfüllten Liebe. Nach seinem Tod erblühten gelbe Narzissen am Ufer des Flusses und bis heute ist in der Psychoanalyse der „Narzissmus" ein fester Begriff, der die Selbstverliebtheit eines Menschen und die Unfähigkeit, andere zu lieben, beschreibt.

Während die Blume in der arabischen Welt als Todesbote gesehen wird und den Eingang zur Unterwelt markieren soll, gilt sie im Christentum als Symbol der Auferstehung und des Sieges Christi über den Tod. Im alten China war die Narzisse als Neujahrsorakel beliebt, denn es bedeutete Glück und Gesundheit, wenn sich die Blüte rechtzeitig zum Jahreswechsel öffnete.

Magnet für Kunstliebhaber: In seinem Gemälde „Narziss" aus dem Jahre 1598/99 stellt der berühmte Maler Caravaggio dramatisch die Faszination des schönen Jünglings von seinem eigenen Abbild dar. Sein herausragendes Kunstwerk lockt bis heute jährlich Tausende kunstliebende Besucher in die Galleria Nazionale d'Arte Antica in Rom.

Narcissus
MB

Narzissen

Weißt du noch, wie weiß, wie bleich
in den Maiendämmerungen,
wenn ich lag, von dir umschlungen,
dir zu Füßen hingerissen,
um uns schwankten die Narzissen?
Weißt du noch, wie heiß, wie weich
in den blauen Juninächten,
wenn wir, müde von den Küssen,
um uns flochten deine Flechten,
Düfte hauchten die Narzissen?
Wieder leuchten dir zu Füßen,
wenn die Dämmerungen sinken,
wenn die blauen Nächte blinken,
wieder duften die Narzissen.
Weißt du noch, wie heiß? Wie bleich?

Richard Dehmel (1863-1920)

Dianthus

Die Nelke

Ein politisches Symbol

Sie war in vielen Epochen eine Modeblume, gehört zu den beliebtesten Schnittblumen und ist eine der ältesten kultivierten Blumensorten der Welt - die Nelke vereint viele Superlative, kaum ein Name würde also besser zu ihr passen als ihre botanische Bezeichnung „Dianthus" - die „Blume der Götter".

> An die 600 verschiedene Arten sind heute bekannt und ihre gefransten Blütenblätter, die wie kleine Rüschen angeordnet sind, sowie die vielfältigen Farbnuancen machen die Nelke nach wie vor zu einer begehrten Blume für Sträuße und Dekorationen. Wie die rote Rose drückt die rote Nelke innige Liebe aus und stand ursprünglich für feurige Gefühle.

Die Bedeutung der Nelke hat sich über die vielen Jahrhunderte jedoch immer wieder gewandelt. Im 15. und 16. Jahrhundert zu Zeiten der Renaissance war die Blume ein Symbol der Ehe und Liebe. Künstler dieser Zeit verwendeten sie besonders gern auf Verlobungsbildnissen. Während der Französischen Revolution trugen Royalisten auf dem Weg zum Schafott rote Nelken im Knopfloch, um ihre Königstreue und Unerschrockenheit vor der Hinrichtung zu zeigen. Seit den 1890er-Jahren ist die rote Nelke ein Symbol für die sozialdemokratische Arbeiterbewegung und gilt als Zeichen der Zusammengehörigkeit und Aufruf zum politischen Aufbruch. Noch heute ist die rote Landnelke ein weltweit bekanntes Symbol des Sozialismus.

Blume der ostdeutschen Frauen: Auch in der DDR hatte die rote Nelke eine politische Bedeutung, denn sie war ein Geschenk an die Frauen am 8. März, dem Weltfrauentag. Bei Demonstrationen für gerechtere Arbeitsbedingungen wurde sie von den Arbeiterinnen am Revers getragen. Die Blume gilt daher als Zeichen der geschlechtlichen Gleichberechtigung.

Die Nelke

Es war eine Königin, die hatte unser Herrgott verschlossen, dass sie keine Kinder gebar. Da ging sie alle Morgen in den Garten und bat zu Gott im Himmel, er möchte ihr einen Sohn oder eine Tochter bescheren. Da kam ein Engel vom Himmel und sprach: „Gib dich zufrieden, du sollst einen Sohn haben mit wünschlichen Gedanken, denn was er sich wünscht auf der Welt, das wird er erhalten."

Sie ging zum König und sagte ihm die fröhliche Botschaft, und als die Zeit herum war, gebar sie einen Sohn, und der König war in großer Freude.

Nun ging sie alle Morgen mit dem Kind in den Tiergarten, und wusch sich da bei einem klaren Brunnen. Es geschah einstmals, als das Kind schon ein wenig älter war, dass es ihr auf dem Schoß lag und sie entschlief. Da kam der alte Koch, der wusste, dass das Kind wünschliche Gedanken hatte, und raubte es, und nahm ein Huhn und zerriss es, und tropfte ihr das Blut auf die Schürze und das Kleid. Da trug er das Kind fort an einen verborgenen Ort, wo es eine Amme tränken musste, und lief zum König und klagte die Königin an, sie habe ihr Kind von den wilden Tieren rauben lassen.

Und als der König das Blut an der Schürze sah, glaubte er es und geriet in einen solchen Zorn, dass er einen tiefen Turm bauen ließ, in den weder Sonne noch Mond schien, und ließ seine Gemahlin hineinsetzen und vermauern.

Da sollte sie sieben Jahre sitzen, ohne Essen und Trinken, und sollte verschmachten. Aber Gott schickte zwei Engel vom Himmel in Gestalt von weißen Tauben, die mussten täglich zweimal zu ihr fliegen und ihr das Essen bringen, bis die sieben Jahre herum waren. Der Koch aber dachte bei sich: „Hat das Kind wünschliche Gedanken und ich bin hier, so könnte es mich leicht ins Unglück stürzen."

Da machte er sich vom Schloss weg und ging zu dem Knaben, der war schon so groß, dass er sprechen konnte, und sagte zu ihm: „Wünsche dir ein schönes Schloss mit einem Garten, und was dazu gehört." Und kaum waren die Worte aus dem Munde des Knaben, so stand alles da, was er gewünscht hatte.

Über eine Zeit sprach der Koch zu ihm: „Es ist nicht gut, dass du so allein bist, wünsche dir eine schöne Jungfrau zur Gesellschaft." Da wünschte sie der Königssohn herbei, und sie stand gleich vor ihm und war so schön, wie sie kein Maler malen konnte. Nun spielten die beiden zusammen und hatten sich von Herzen lieb, und der alte Koch ging auf die Jagd wie ein vornehmer Mann.

Es kam ihm aber der Gedanke, der Königssohn könnte einmal wünschen, bei seinem Vater zu sein, und ihn damit in große Not bringen. Da ging er hinaus, nahm das Mädchen beiseit und sprach:

„Diese Nacht, wenn der Knabe schläft, so geh an sein Bett und stoß ihm das Messer ins Herz und bring mir Herz und Zunge von ihm; und wenn du das nicht tust, so sollst du dein Leben verlieren."

Darauf ging er fort, und als er am andern Tag wiederkam, so hatte sie es nicht getan und sprach: „Was soll ich ein unschuldiges Blut ums Leben bringen, das noch niemand beleidigt hat?"

Sprach der Koch wieder: „Wo du es nicht tust, so kostet dich es selbst dein Leben."

Als er weggegangen war, ließ sie sich eine kleine Hirschkuh herbeiholen und ließ sie schlachten und nahm Herz und Zunge und legte sie auf einen Teller, und als sie den Alten kommen sah, sprach sie zu dem Knaben: „Leg dich ins Bett und zieh die Decke über dich."

Da trat der Bösewicht herein und sprach: „Wo ist Herz und Zunge von dem Knaben?"

Das Mädchen reichte ihm den Teller, aber der Königssohn warf die Decke ab und sprach: „Du alter Sünder, warum hast du mich töten wollen? Nun will ich dir dein Urteil sprechen. Du sollst ein schwarzer Pudelhund werden und eine goldene Kette um den Hals haben und sollst glühende Kohlen fressen, dass dir die Lohe zum Hals herausschlägt."

Und wie er die Worte ausgesprochen hatte, so war der Alte in einen Pudelhund verwandelt und hatte eine goldene Kette um den Hals, und die Köche mussten lebendige Kohlen heraufbringen, die fraß er, dass ihm die Lohe aus dem Hals herausschlug.

Nun blieb der Königssohn noch eine kleine Zeit da und dachte an seine Mutter und ob sie noch am Leben wäre. Endlich sprach er zu dem Mädchen: „Ich will heim in mein Vaterland, willst du mit mir gehen, so will ich dich ernähren."

„Ach", antwortete sie, „der Weg ist so weit, und was soll ich in einem fremden Lande machen, wo ich unbekannt bin."

Weil es also ihr Wille nicht recht war und sie doch voneinander nicht lassen wollten, wünschte er sie zu einer schönen Nelke und steckte sie bei sich.

Da zog er fort, und der Pudelhund musste mitlaufen, und zog in sein Vaterland. Nun ging er zu dem Turm, wo seine Mutter darinsaß, und weil der Turm so hoch war, wünschte er eine Leiter herbei, die bis obenhin reichte.

Da stieg er hinauf und sah hinein und rief: „Herzliebste Mutter, Frau Königin, seid Ihr noch am Leben, oder seid Ihr tot?"

Sie antwortete: „Ich habe ja eben gegessen und bin noch satt," und meinte, die Engel wären da.

Sprach er: „Ich bin Euer lieber Sohn, den die wilden Tiere Euch sollen vom Schoß geraubt haben. Aber ich bin noch am Leben und will Euch bald erretten."

Nun stieg er herab und ging zu seinem Herrn Vater und ließ sich anmelden als ein fremder Jäger, ob er könnte Dienste bei ihm haben. Antwortete der König ja, wenn er gelernt wäre und ihm Wildbret schaffen könnte, sollte er herkommen; es hatte sich aber auf der ganzen Grenze und Gegend niemals Wild aufgehalten.

Da sprach der Jäger, er wollte ihm so viel Wild schaffen, als er nur auf der königlichen Tafel brauchen könnte. Dann hieß er die Jägerei zusammenkommen, sie sollten alle mit ihm hinaus in den Wald gehen. Da gingen sie mit, und draußen hieß er sie einen großen Kreis schließen, der an einem Ende offenblieb, und dann stellte er sich hinein und fing an zu wünschen. Alsbald kamen zweihundert und etliche Stück Wildbret in den Kreis gelaufen, und die Jäger mussten es schießen. Da ward alles auf sechzig Bauernwagen geladen und dem König heimgefahren; da konnte er einmal seine Tafel mit Wildbret zieren, nachdem er lange Jahre keins gehabt hatte.

Nun empfand der König große Freude darüber und bestellte, es sollte des andern Tags seine ganze Hofhaltung bei ihm speisen, und machte ein großes Gastmahl.

Wie sie alle beisammen waren, sprach er zu dem Jäger: „Weil du so geschickt bist, so sollst du neben mir sitzen."

Er antwortete: „Herr König, Ehrwürdige Majestät halte zu Gnaden, ich bin ein schlechter Jägerbursch."

Der König aber bestand darauf und sagte: „Du sollst dich neben mich setzen", bis er es tat. Wie er da saß, dachte er an seine liebste Frau Mutter und wünschte, dass nur einer von des Königs ersten Dienern von ihr anfinge und fragte, wie es wohl der Frau Königin im Turm ginge, ob sie wohl noch am Leben wäre oder verschmachtet.

Kaum hatte er es gewünscht, so fing auch schon der Marschall an und sprach: „Königliche Majestät, wir leben hier in Freuden, wie geht es wohl der Frau Königin im Turm, ob sie wohl noch am Leben oder verschmachtet ist?"

Aber der König antwortete: „Sie hat mir meinen lieben Sohn von den wilden Tieren zerreißen lassen, davon will ich nichts hören."

Da stand der Jäger auf und sprach: „Gnädigster Herr Vater, sie ist noch am Leben, und ich bin ihr Sohn, und die wilden Tiere haben ihn nicht geraubt, sondern der Bösewicht, der alte Koch, hat es getan. Der hat mich, als sie eingeschlafen war, von ihrem Schoß weggenommen und ihre Schürze mit dem Blut eines Huhns betropft."

Darauf nahm er den Hund mit dem goldenen Halsband und sprach: „Das ist der Bösewicht", und ließ glühende Kohlen bringen, die musste er angesichts aller fressen, dass ihm die Lohe aus dem Hals schlug.

Darauf fragte er den König, ob er ihn in seiner wahren Gestalt sehen wollte, und wünschte ihn wieder zum Koch. Da stand er alsbald mit der weißen Schürze und dem Messer an der Seite. Der König, wie er ihn sah, ward zornig und befahl, dass er in den tiefsten Kerker sollte geworfen werden.

Darauf sprach der Jäger weiter: „Herr Vater, wollt Ihr auch das Mädchen sehen, das mich so zärtlich aufgezogen hat und mich hernach ums Leben bringen sollte, es aber nicht getan hat, obgleich sein eigenes Leben auf dem Spiel stand?"

Antwortete der König: „Ja, ich will sie gerne sehen."

Sprach der Sohn: „Gnädigster Herr Vater, ich will sie Euch zeigen in Gestalt einer schönen Blume." Und griff in die Tasche und holte die Nelke und stellte sie auf die königliche Tafel und sie war so schön, wie der König nie eine gesehen hatte.

Darauf sprach der Sohn: „Nun will ich sie auch in ihrer wahren Gestalt zeigen", und wünschte sie zu einer Jungfrau; da stand sie da und war so schön, dass kein Maler sie hätte schöner malen können.

Der König aber schickte zwei Kammerfrauen und zwei Diener hinab in den Turm, die sollten die Frau Königin holen und an die königliche Tafel bringen. Als sie aber dahin geführt ward, aß sie nichts mehr und sagte: „Der gnädige barmherzige Gott, der mich im Turm erhalten hat, wird mich bald erlösen."

Da lebte sie noch drei Tage und starb dann selig; und als sie begraben ward, da folgten ihr die zwei weißen Tauben nach, die ihr das Essen in den Turm gebracht hatten und Engel vom Himmel waren, und setzten sich auf ihr Grab.

Der alte König ließ den Koch in vier Stücke zerreißen, aber der Gram zehrte an seinem Herzen, und er starb bald. Der Sohn heiratete die schöne Jungfrau, die er als Blume in der Tasche mitgebracht hatte, und ob sie noch leben, das steht bei Gott.

Brüder Grimm (1785-1863)

Der Oleander

Mediterrane Schönheit

Der Oleander sorgt mit seinen leuchtend rosafarbenen Blüten für mediterranes Flair – ob in Gartenanlagen am Mittelmeer oder auf der heimischen Terrasse und dem Balkon. Auch wenn er unter dem wohlklingenden Namen „Rosenlorbeer" bekannt ist, sollte der Oleander zumindest abergläubischen Menschen nicht als Geschenk überreicht werden, denn er steht für Misstrauen, Falschheit und Enttäuschung.

Schon die Menschen in der Antike kannten den Oleander, der sogar auf freigelegten Wandfresken in Pompeji, das im Jahr 79 nach Christus vom Vulkan Vesuv verschüttet wurde, dargestellt ist. Sein botanischer Name wird auf die Ähnlichkeit seiner Blätter mit denen des Olivenbaums, lateinisch „Olea", zurückgeführt. Die Bezeichnung „Nerium" lässt sich von der griechischen Bezeichnung für Wasser ableiten, da die Pflanze in der freien Natur gern in steinigen Flussbetten wächst.
Allerdings dürfen die wunderschön leuchtenden rosa Blütenwolken nicht über die Giftigkeit des Oleanders hinwegtäuschen. Der Legende nach sind tapfere Soldaten Napoleons gestorben, nur weil sie eine Nacht auf einem Schlaflager aus Oleanderzweigen verbracht haben. Der Extrakt aus Oleander wurde sogar als Pfeilgift genutzt und es wird behauptet, dass sein Genuss zu den halluzinatorischen Visionen des Orakels von Delphi geführt hat.

Oleander City: Im September 1900 traf ein Hurrikan die Stadt Galveston in Texas und verwüstete sie vollständig, Tausende Menschen starben. Während Häuser und Infrastruktur völlig zerstört waren, überlebten die widerstandsfähigen Oleanderbäume und weitere 2500 wurden im Rahmen eines Verschönerungsprojektes gepflanzt. Die Stadt trägt daher stolz den Namen „Oleander City".

Nerium oleander

Im 19. Jahrhundert war der Oleander auch in Adelskreisen sehr in Mode und wurde auf den Blumentellern des Kaiserhauses Habsburg abgebildet.

Paeonia

Die Pfingstrose

Blühende Fußspuren Buddhas

Genau zur Pfingstzeit blüht die Pfingstrose mit ihren üppigen Blüten, meist in verschiedenen Rosatönen. Sie wird auch „Rose ohne Dornen" genannt und gehört zu den Marienblumen, denn sie symbolisiert Heilung, Geborgenheit und mütterliche Liebe - das macht sie zum perfekten Geschenk zum Muttertag. Eine Legende erzählt, dass nach der Auferstehung Christi, als sich die Menschen taufen ließen, Gott den Rosen die Dornen und den Menschen das Leid genommen habe. Daher sind Pfingstrosen an diesem Kirchenfest ein beliebter Altarschmuck.

Ihr botanischer Name „Paeonia" geht auf den griechischen Götterarzt „Paian" zurück, der mithilfe einer Pfingstrose Hades, den Gott der Unterwelt, heilte, nachdem er sich im Kampf mit Herkules schwere Wunden zugezogen hatte. In der Traditionellen Chinesischen Medizin gilt ihre Wurzel als schmerz- und krampflösend, sodass sie gegen Gicht, Zahnungsschmerzen bei Kindern und Frauenkrankheiten eingesetzt wird.
Im Buddhismus wird die Pfingstrose sogar als heilige Blume verehrt und schmückt in Zeichnungen zahlreiche Tempelanlagen, denn nach einer alten Legende sprossen Päonien an den Stellen aus dem Boden, die der jugendliche Buddha mit seinen Füßen berührte.
Ende des 18. Jahrhunderts kam die Pfingstrose nach Europa und begeisterte durch ihr prachtvolles Aussehen Dichter, Musiker und Philosophen. Bis heute schmückt ihr Abbild alle Sorten von Stoffen und es gibt wohl kaum jemanden, der das weltberühmte Porzellangeschirr „Blau Zwiebelmuster" von Hutschenreuther nicht kennt, auf dem auch die Pfingstrose als Symbol für Reichtum, weibliche Schönheit und Liebe abgebildet ist.

Gauguins Pfingstrosen: Der berühmte Maler Paul Gauguin zeichnete im Jahr 1884 ein Stillleben mit Pfingstrosen. Eine besonders farbintensive Päonienzüchtung wurde sogar nach dem Maler benannt.

MB

Pfingstrose

Verhaucht sein stärkstes Düften
hat rings der bunte Flor,
und leiser in den Lüften
erschallt der Vögel Chor.

Des Frühlings reichstes Prangen
fast ist es schon verblüht –
die zeitig aufgegangen,
die Rosen sind verblüht.

Doch leuchtend will entfalten
Päonie ihre Pracht,
von hehren Pfingstgewalten
im Tiefsten angefacht.

Gleich einer späten Liebe,
die lang in sich geruht,
bricht sie mit mächtgem Triebe
jetzt aus in Purpurglut.

Ferdinand von Saar (1833-1906)

Der Ritterstern

Die falsche Amaryllis

Zur Adventszeit erfreuen uns die majestätischen, meist tiefroten Blüten des Rittersterns. Der lange Schaft schiebt sich aus einer fast ballgroßen Zwiebel über einen halben Meter in die Höhe, an dessen Ende drei bis vier trichterförmigen Blüten hängen, die einen beeindruckenden Durchmesser von 30 Zentimetern erreichen können. Der Ritterstern steht für Anmut, Bewunderung, aber auch Respekt und freundschaftliche Zuneigung.

Fälschlicherweise wird der Ritterstern meistens Amaryllis genannt, obwohl es sich hier um zwei verschiedene Pflanzen handelt. Optisch sehen sie sich sehr ähnlich, allerdings stammt der Ritterstern aus Südamerika, die Amaryllis aus Südafrika.
Der botanische Name „Hippeastrum" kommt vermutlich von der sternförmigen Anordnung der Blütenblätter, die an Pferdeohren erinnern, was zu einer Zusammensetzung der griechischen Wörter „Hippos", das Pferd, und „Astron", der Stern, führte. Die deutsche Bezeichnung „Ritterstern" ist eventuell angelehnt an den Morgenstern, einer mittelalterlichen Schlagwaffe, der in seiner Form der Blüte ähnelt. Deutlich ansprechender ist die mythologische Bedeutung des gebräuchlicheren Namens „Amaryllis". Die gleichnamige griechische Hirtin durchbohrte aus Sehnsucht zu ihrem unerreichbaren Geliebten ihr Herz und sobald ihre Blutstropfen den Boden berührten, wuchsen tiefrote Blumen mit weit geöffneten Kelchen aus der Erde. Kein Wunder, dass diese opulenten Blüten Maler aller Epochen faszinierten.

Hippeastrum

Am beliebtesten ist der rote Ritterstern, wenn er vor Weihnachten für festliche Stimmung im Haus sorgt. Aber es gibt ihn noch in vielen anderen Farbvarianten.

Rhododendron

Der Rhododendron
Eine Liebeserklärung

Wenn die Rhododendren im Mai anfangen zu blühen, verwandeln sich Gärten und Parkanlagen in ein überbordendes Blütenmeer. Über 1000 verschiedene Arten in allen erdenklichen Farben übertreffen sich gegenseitig in ihrer Pracht, manche Pflanzen werden bis zu neun Meter hoch. Der Rhododendronpark in Bremen umfasst die größte Rhododendron-Sammlung der Welt, aber auch in englischen Gärten sind die Sträucher außerordentlich beliebt. Ursprünglich aus China und Tibet stammend kam die Pflanze im 19. Jahrhundert nach Europa. Hier faszinierte sie sofort englische Botaniker, die begannen verschiedenste Kreuzungen zu züchten. Besonders die britische Oberschicht fand Gefallen an dieser neu entdeckten Pflanze, denn auf ihren Landgütern mit sauren, nährstoffarmen Böden fühlten sich die meisten Rosenarten nicht wohl, Rhododendren hingegen gediehen prächtig.

> Der Name „Rhododendron" stammt aus dem Griechischen und bedeutet „Rosenbaum". Wegen seiner zarten Blüten steht er als Symbol für Zerbrechlichkeit und drückt in der Sprache der Blumen eine erste Liebeserklärung aus mit der Frage: „Wann sehen wir uns wieder?"

Die englischen Landschaftsgärten mit ihren Herrenhäusern, reichen Baumbeständen und den blühenden Rhododendronbüschen wirkten auch auf viele Schriftstellerinnen inspirierend. Jane Austen schrieb nach einem längeren Aufenthalt bei Freunden im Goodnestone Park 1796 ihr berühmtes Werk „Stolz und Vorurteil". Virginia Woolf erwarb 1919 ein Cottage mit einem weitläufigen Garten, auf den sie vom Fenster ihres Schreibzimmers einen herrlichen Blick hatte, und nannte dies „den idealen Ort" für ihre literarische Arbeit.

Die Ringelblume

Wetterprophetin und Heilerin

Mit ihrem leuchtenden Orange ist die Ringelblume eine der ältesten kultivierten Zierpflanzen. Sie stammt wahrscheinlich ursprünglich aus dem Mittelmeerraum und hat als Heilpflanze eine lange Tradition. Dies beschreibt auch ihr Beiname „officinalis", der sich vom lateinischen „officina" ableitet, was Büro, aber auch Labor oder Apotheke bedeutet. Der Name „Calendula" kommt ebenfalls aus dem Lateinischen. „Calendae" steht für den ersten Tag des Monats, da die Dauerblüherin seine Besitzer an so vielen Monatsanfängen im Jahr erfreut.
Die Ringelblume fand schon früh als Heilpflanze Verwendung: Die Äbtissin Hildegard von Bingen empfahl bereits im 12. Jahrhundert bei Verdauungsstörungen und Hauterkrankungen die Blume „Ringula", deren Bezeichnung auf die ringelförmigen Früchte zurückgeht. Junge Frauen hofften durch das Auftragen der Ringelblumensalbe vor dem Schlafengehen in der Nacht von ihrer großen Liebe zu träumen.
Bauern nutzten die Ringelblume außerdem als Wetterprophetin - öffnete sich die Blüte bereits früh morgens, stand ein sonniger Tag bevor. Blieb sie jedoch geschlossen, musste mit Regen gerechnet werden.

> Trotz ihrer fröhlichen Farbe gilt die Ringelblume auch als Totenblume. Ihr dauerhaftes Blühen über den ganzen Sommer und ihre Selbstaussaat machen sie zur idealen Grabbepflanzung und deshalb wird sie oft mit Trauer und Kummer verbunden.

Orange Schummelei: Aufgrund ihrer leuchtend orangen Farbe wurde die Ringelblume früher gerne zum Färben von Speisen als Ersatz für den außerordentlich teuren Safran verwendet.

Calendula officinalis

Die Ringelblume gehört zu den heiligen Blumen der Jungfrau Maria, im Englischen trägt sie den Namen „Marigold“.

Delphinium

Es gibt mehr als 300 verschiedene Rittersspornarten auf der Welt. Manche sind nur 20 Zentimeter groß, andere zwei Meter.

Der Rittersporn

Spontaneität und Lebensfreude

Der Auftritt des Rittersporns im Garten ist pompös, denn die Staude mit ihren traubenförmigen Blüten kann bis zu 180 Zentimeter groß werden. Dazu kommt noch die intensiv-leuchtende blaue Farbe, für die diese Blume besonders bekannt ist, auch wenn es weiße, violette und rosafarbene Sorten gibt. Die Einzelblüte trägt einen kleinen Sporn an ihrer Hinterseite, der an den Fußsporn einer Ritterrüstung erinnert und der Blume ihren Namen gegeben hat. Die botanische Bezeichnung leitet sich vom griechischen Wort „Delphinium" ab, weil die Form der Knospen an einen Delfin erinnert.

In der Blumensprache drückt der Rittersporn nur Positives aus - er steht für die Liebe, die Sehnsucht und die Verbundenheit zweier Seelen. Wer ihn an seinen Partner verschenkt, sagt so viel wie: „Lass uns gemeinsam den Weg weitergehen." Aber die Blume symbolisiert auch Spaß und Fröhlichkeit, bewegt zu Offenheit, animiert zu Spontaneität und dem Ausleben der Gefühle - frei nach dem Motto „Sei verrückt und leichtsinnig."

Der prachtvolle Rittersporn bekam 2015 bei einer Modenschau von Dior in Paris sogar seine eigene Bühne: Ein Innenhof des Louvre wurde mit 400 000 Blütenständen dekoriert.
Aber der Rittersporn ist nicht nur eine Zierpflanze, ihm wird auch eine blutreinigende und harntreibende Wirkung nachgesagt. Da er allerdings giftige Alkaloide enthält, ist er für die Selbstmedikation nicht geeignet.
Auch zahlreiche Künstler wurden von der Blume in ihren Bann gezogen. So setzten berühmte Maler wie Lovis Corinth oder Oskar Kokoschka den Rittersporn auf ihren Gemälden eindrucksvoll in Szene.

Wählerischer Blaublüter: Der Rittersporn ist eine etwas anspruchsvollere Gartenpflanze, denn er liebt es windgeschützt, ohne direkte Mittagssonne - kurz gesagt: „Sonne im Gesicht, Schatten an den Füßen", dann ist es perfekt!

Eine Rose
ist eine Rose,
ist eine Rose,
ist eine Rose.

Gertrude Stein (1874–1946)

Die Rose

Symbol der wahren Liebe

Die Rose wurde schon im alten Griechenland die „Königin der Blumen" genannt und steht wegen ihres eleganten Aussehens für Vollkommenheit und Schönheit. Sie gehört zu den am meisten verschenkten Blumen und es gibt auf der ganzen Welt wohl kaum einen Menschen, der ihre Sprache nicht versteht. So drückt die rote Rose Liebe und Leidenschaft aus, die rosafarbige lässt auf die zarten Gefühle des Schenkenden schließen, während die weißen Rosen im Brautstrauß Unschuld und Treue symbolisieren. Die gelbe Rose hat keine klare Bedeutung und kann neben Glück und Heiterkeit auch Neid und Missgunst bedeuten.

Die ältesten Kulturrosen stammen aus China, wo sie vor über 2000 Jahren in den königlichen Gärten Pekings gezüchtet wurden und sich dann über die ganze Welt verbreiteten. Heute sind mehr als 30 000 verschiedene Rosenarten bekannt.
Während im antiken Griechenland die Rose als Liebessymbol der Venus galt, wird sie im Christentum mit Maria in Verbindung gebracht. So hält sie auf zahlreichen Heiligenbildern entweder eine Rose in der Hand oder wird von einer Rosenlaube umgeben. Auch das Weihnachtslied „Es ist ein Ros entsprungen" nimmt Bezug auf die Herkunft Mariens und Jesu.
In der Weihnachtszeit spielt das Rosenwasser eine besondere Rolle, denn es wird für die Herstellung von Marzipan und Lebkuchen verwendet. Für die Parfümindustrie wird aus den Blütenblättern das wertvolle Rosenöl gewonnen, das vielen Parfüms seinen unverwechselbaren Duft gibt.

Die Weiße Rose – Symbol des Widerstands: Im zweiten Weltkrieg entstand um die Geschwister Hans und Sophie Scholl die Weiße Rose, eine studentische Widerstandsgruppe gegen das NS-Regime, deren Mitglieder 1943 enttarnt und hingerichtet wurden. Seither steht die weiße Rose für Zivilcourage und die Bereitschaft, für demokratische Ideale sein Leben zu opfern.

Rosa

Die Rose inspiriert seit Jahrhunderten Dichter und Schriftsteller – sei es zum mittelalterlichen Werk „Le Roman de la Rose“ oder zu Märchen wie „Dornröschen“.

Primula veris

In der Johannes-Passion von Johann Sebastian Bach wird die Blume als „Himmelsschlüssel“ besungen und verewigt.

Die Echte Schlüsselblume

Türöffner zum Himmel

In den ersten Frühlingstagen, sobald die Sonne etwas an Kraft gewinnt, blühen an Waldrändern, auf Lichtungen und Wiesen die Himmelsschlüsselchen. Dieses frühe Erscheinen im Jahr erklärt auch ihre zärtliche botanische Bezeichnung, die sich von der Verkleinerungsform des lateinischen Wortes „Primus“ ableitet und so viel bedeutet wie der „kleine Erstling“.
Der Legende nach sollen dem Heiligen Petrus, gerade als er die Himmelspforte öffnen wollte, seine Schlüssel aus der Hand gefallen sein. Dort wo diese auf die Erde trafen, wachsen seither die kleinen gelben Himmelsschlüsselchen und gelten als Sinnbild des Frühlings, der Hoffnung und des Neuanfangs.
Nach der germanischen Mythologie stammt die Schlüsselblume ursprünglich aus dem Zaubergarten der Göttin Freya. Elfen und Nixen sollen die kleine Blume besonders lieben und beschützen.

Im christlichen Glauben steht die Primel als Symbol für Maria, die selbst der Schlüssel zum Himmel ist, den sie durch ihren Sohn Jesus Christus für die Menschen aufgesperrt hat. Sie wird - ganz in diesem Sinne - gerne als Liebesbotschaft verschenkt und sagt so viel wie: „Gib mir den Schlüssel zu deinem Herzen.“

Aufgrund ihrer Heilwirkung trägt die Schlüsselblume auch den Namen „Apothekerblume“. Als Teeaufguss wird sie als Schleimlöser bei Husten eingesetzt, zudem wirkt sie harntreibend, schmerzstillend und herzstärkend. Aus den Wurzeln wurde früher Niespulver hergestellt.

Ostereier in Naturfarben: Einst wurden die Blüten des Himmelschlüsselchens gesammelt, um Ostereier gelb zu färben. Heute darf man die Blumen nicht mehr pflücken, denn sie gelten als bedroht und stehen unter Naturschutz.

Die Schmetterlingsorchidee

Tropische Extravaganz

Als der schwedische Botaniker Carl von Linné im tropischen Urwald die exotische Blume entdeckte, erinnerten ihn die Blüten an umherflatternde Nachtfalter der Gattung Phalaena. Daraus leitete er den botanischen Namen „Phalaenopsis" ab. Im Deutschen ist die Pflanze als Schmetterlingsorchidee oder Nachtfalterorchidee bekannt und erfreut sich als Zimmerpflanze größter Beliebtheit.

Nicht nur ihre Blütenform ist so extravagant wie bei kaum einer anderen Blume, auch die Farbvariationen sind von einer unermesslichen Fülle. Neben strahlendem Weiß, das für Reinheit, Anmut und besondere Eleganz steht, gibt es Orchideen in allen Farben des Regenbogens. Als Geschenk überreicht steht sie als Zeichen für Liebe und Bewunderung.

Die Schmetterlingsorchideen wachsen vor allem auf den Philippinen und den indonesischen Inseln und gehören zu den Überlebenskünstlern im Regenwald. Sie wachsen als sogenannte Aufsitzerpflanzen hoch oben in den Baumkronen und sind auf diese Weise nahe am Sonnenlicht. Nährstoffe und Wasser nehmen sie über ihre Luftwurzeln auf, die zusätzlich als Haftorgane dienen.
Aber nicht alle Orchideenarten haben Luftwurzeln, bei einigen stößt man auf eine besondere Kuriosität, wenn man etwas tiefer schaut. Sie besitzen zwei Knollen, die den beiden Hoden, griechisch „Orchis", ähneln, was den Philosophen und Naturforscher Theophrastus von Lesbos veranlasste, der Pflanze den weniger anmutigen Namen „Orchidee" zu geben.

Sexualsymbol: Die alten Griechen schrieben den Knollen der Orchidee eine aphrodisierende Wirkung zu; sie sollen sogar zur Familienplanung eingesetzt worden sein. Sollte ein Sohn geboren werden, aß der Mann die größere der beiden Knollen, stand ein Mädchen auf der Wunschliste, verzehrte die Frau die kleinere. Es ist also nicht verwunderlich, dass die Orchidee für Fruchtbarkeit und Leidenschaft steht.

Phalaenopsis

Orchideen gibt es auf unserem Planeten seit etwa 80 Millionen Jahren.

Das sind die Blumen, die wie Kirchen sind.
Ein Blick in sie hinein, zwingt uns zu schweigen.
Wie Weihrauch fromm berauschend strömt ihr Duft,
wenn wir uns zu der schönen Blüte neigen.
Sie sind wie Schmetterlinge dünn und zart.
Und wissen ihr Geheimnis doch zu hüten.
Es hellen goldne Kerzen sanft den Pfad
ins Allerheiligste der Wunderblüten.

Francisca Stoecklin (1894-1931)

Iris

Die Schwertlilie

Schön wie der Regenbogen

Nur wenige Blumen zeigen so viele Farbvariationen wie die Iris, sodass es dem Botaniker Carl von Linné naheliegend erschien, ihren botanischen Namen mit Bezug auf die griechische Göttin des Regenbogens zu wählen. Auf Deutsch heißt sie wegen ihrer schmalen, schwertartigen Blätter „Schwertlilie", auch wenn sie mit den Lilien nur entfernt verwandt ist. Weltweit gibt es über 250 Arten mit erstaunlichen Größenunterschieden. Während die Zwerg-Schwertlilie gerade mal 20 Zentimeter hoch wird, erreicht die Bart-Iris mit ihren großen Blüten eine Höhe von bis zu 1,20 Metern.

> Eine Iris als Geschenk macht Eindruck und überbringt gleichzeitig eine positive Botschaft, denn sie steht für bedingungslose Treue und Beständigkeit. Zudem drückt sie aus, dass der Überbringer bereit ist, für die beschenkte Person zu kämpfen und bedingungslos zu ihr zu stehen.

Auch viele Künstler zog die Blume in ihren Bann. Am bekanntesten ist wohl das Gemälde „Schwertlilien" aus dem Jahre 1889 von Vincent van Gogh, das beim Auktionshaus Sotheby's 1987 für eine Rekordsumme von fast 94 Millionen Dollar versteigert wurde.
Doch die Iris ist nicht nur eine Zierpflanze, ihre Wurzel enthält eines der teuersten ätherischen Öle. In früheren Zeiten wurde es zum Aromatisieren von Tabak und Wein verwendet und heute noch wird es in der Aromatherapie eingesetzt, um seelische Spannungen zu mildern. Die Iriswurzel, wegen ihres Duftes auch „Veilchenwurzel" genannt, wird gerne kleinen Kindern zum Kauen gegeben, um Zahnungsschmerzen zu lindern.

Blume der Bourbonen: Die Bourbonen waren ein französisches Adelsgeschlecht, das sieben Könige Frankreichs stellte und im Wappen eine stilisierte Schwertlilie, auch „Bourbonen-Lilie" genannt, führten.

Das Schneeglöckchen

Zarter Frühlingsbote

Während alle anderen Blumen im Januar und Februar noch Winterschlaf halten, streckt das Schneeglöckchen bereits seine weißen Blüten aus der Schneedecke - endlich, nun ist der Frühling nicht mehr weit! Sein deutscher Name ist leicht zu erklären, da an zarten grünen Stielen die ovalen weißen Blütenglöckchen hängen. Im Englischen heißt es „snowdrop", der Schneetropfen, und auch sein botanischer Name „Galanthus", die Milchblüte, bezieht sich auf die weiße Farbe der Blüten.

Eine alte Sage erzählt, dass Gott den Schnee geschaffen hatte, ohne ihm eine Farbe zu geben. Doch keine Blume war bereit dem verzweifelten Schnee zu helfen und seine Farbe mit ihm zu teilen. Nur das kleine Schneeglöckchen hatte Mitleid mit ihm. Aus Dankbarkeit lässt der Schnee die zarte Blume seither im Winter blühen, ohne dass Frost und Kälte ihm etwas anhaben können.

Dieses Phänomen hat natürlich schon manchen Forscher beschäftigt. Vermutlich ist es darauf zurückzuführen, dass die Blume die Sonnenstrahlen absorbiert und diese in Wärmeenergie umwandelt und an die Umgebung abgibt.

> Wie viele weiße Blumen steht das Schneeglöckchen für Reinheit, Keuschheit und Unschuld. Als erster Frühlingsbote symbolisiert es zudem die Hoffnung und durch sein Überleben im kalten Schnee auch die Widerstandsfähigkeit. In der Blumensprache steht es für die jugendliche, unschuldige Liebe und sagt: „Aus deinen Blicken strahlt die Reinheit deines Herzens."

Der Schneeglöckchen-Trick: Für das menschliche Auge erscheint die Blüte nur reinweiß, für Insekten strahlt sie wie eine Signallampe aus dem Schnee heraus, da die Blütenblätter das UV-Licht der Sonne reflektieren, um mit ihrem Strahlen ausgehungerte Bienen und Hummeln nach dem Winter anzulocken.

Galanthus

MB

Vom Schnee und vom Schneeglöckchen

Der Herr hat alles erschaffen: Gras und Kräuter und Blumen. Er hatte ihnen die schönsten Farben gegeben. Zuletzt machte er nun noch den Schnee und sagte zu ihm: „Die Farbe kannst du dir selbst aussuchen. So einer wie du, der alles frisst, wird ja wohl etwas finden."

Der Schnee ging also zum Gras und sagte: „Gib mir deine grüne Farbe!"

Er ging zur Rose und bat sie um ihr rotes Kleid. Er ging zum Veilchen und dann zur Sonnenblume. Denn er war eitel. Er wollte einen schönen Rock haben. Aber Gras und Blumen lachten ihn aus und schickten ihn fort.

Da setzte er sich zum Schneeglöckchen und sagte betrübt: „Wenn mir niemand eine Farbe gibt, so ergeht es mir wie dem Wind. Der ist auch nur darum so bös, weil man ihn nicht sieht."

Da erbarmte sich das Schneeglöckchen und sprach: „Wenn dir mein Mäntelchen gefällt, kannst du es nehmen."

Der Schnee nahm das Mäntelchen und ist seitdem weiß.

Aber allen Blumen ist er seitdem feind, nur nicht dem Schneeglöckchen.

Oskar Dähnhardt (19. Jhd.)

Acacia dealbata

Die Freimaurer bilden einen Akazienzweig häufig auf Grabsteinen ab, da das haltbare Holz symbolisch für das ewige Leben steht.

Die Silberakazie

Die falsche Mimose

Die ursprünglich aus Australien stammende Silberakazie mit ihren kugelförmigen, goldgelben Blütenköpfchen wird im Volksmund häufig auch „Mimose“ genannt. Das ist auf ihre Ähnlichkeit zur „Mimosa pudica“, der echten Mimose, zurückzuführen, die allerdings hellrosa blüht und deren filigrane Blätter sich bei Berührung einklappen, was ihr auch den Namen „Rühr mich nicht an“ eingebracht hat.
Die Silberakazie, auch „Mimosenbaum“ genannt, wurde etwa 1860 nach Cannes in Südfrankreich eingeführt. Inzwischen säumen dort tausende dieser Bäume die Straßenränder und verbreiten zur Blütezeit einen verführerischen Duft, der auf der 150 Kilometer langen „Mimosen-Route“ jeden Reisenden in seinen Bann zieht.

> Die gelb blühenden Zweige der Silberakazie gelten als Sinnbild der Weiblichkeit und werden in Italien am 8. März zum Frauentag verschenkt. Die zarten, kuscheligen Blüten symbolisieren einerseits Zerbrechlichkeit und liebliche Ausstrahlung. Andererseits ist die Pflanze auch in unwegsamem Gelände fest verwurzelt und zeugt so von fester Entschlossenheit und verborgener Stärke.

Da das Holz der Silberakazie als unverweslich gilt, wurde es in der alten Welt sehr verehrt. Die Ägypter bezeichneten die Akazie als „heiligen Baum“, aus dessen Holz die Götter gebaut wurden. Die Toten wurden in Särgen aus Akazienholz begraben, damit ihre Seelen gut geschützt im Jenseits ankommen.

So eine Mimose!
Sensible Menschen werden oft als Mimosen bezeichnet, da sie genauso empfindlich reagieren wie die Blätter der echten Mimose, die sich bei der kleinsten Berührung einklappen.

DIE SONNENBLUME

Zeichen der Hippies

Ursprünglich stammt die Sonnenblume aus Nord- und Mittelamerika, wo sie schon 2500 vor Christus angebaut wurde. Die Inkas, die sich selbst als „Volk der Sonne" bezeichneten, verehrten die Sonnenblume als Symbol ihres Sonnengottes. Im 16. Jahrhundert gelangte die Pflanze nach Europa und wurde zunächst nur als Zierpflanze angebaut, denn der ursprünglichen Art waren die Temperaturen im nördlichen Europa oft zu kalt und damit ein großflächiger, wirtschaftlich rentabler Anbau nicht möglich.

Dies gelang erst Peter dem Großen, der die warmen Sommer Südrusslands für die Anpflanzung der Sonnenblume im großen Stil zu nutzen wusste. Aus den Kernen wird nicht nur das preiswerte Speiseöl mit neutralem Geschmack gewonnen. Sie dienen vor allem in Russland, der Ukraine und der Türkei als traditioneller Snack oder werden in Brot, Kuchen und Vogelfutter verarbeitet.

Als Geschenk ist die Sonnenblume beliebt, denn mit ihren gelben, zungenförmigen Randblüten sieht sie aus wie die Sonne selbst und steht für Wärme und Fröhlichkeit. Sie bedeutet so viel wie „ich mag dich" und war in den 1960er-Jahren ein Zeichen der Hippiebewegung, deren Anhänger sich selbst Blumenkinder nannten. Durch sie wurde die Sonnenblume zum Symbol für Nächstenliebe, Freiheit, Offenheit und Frieden.

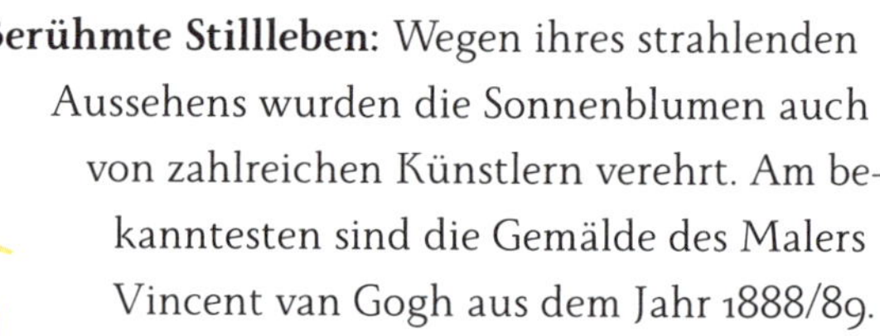

Berühmte Stillleben: Wegen ihres strahlenden Aussehens wurden die Sonnenblumen auch von zahlreichen Künstlern verehrt. Am bekanntesten sind die Gemälde des Malers Vincent van Gogh aus dem Jahr 1888/89.

Helianthus

Der Sonnenkönig Ludwig XIV. ließ auf dem Höhepunkt seiner Macht Münzen mit dem Abbild der Sonnenblume prägen.

Viola tricolor

Das Stiefmütterchen gilt
in Frankreich und Österreich
als Symbol der Freidenker.

Das Wilde Stiefmütterchen

Beliebtes Schöngesicht

Mit seinem lieben „Blütengesicht" hat sich das Stiefmütterchen schon immer in die Herzen der Menschen geschlichen und wird im Volksmund auch „Schöngesicht" oder „Christusauge" genannt. Schon die alten Römer huldigten ihrem Gott Jupiter mit Wilden Stiefmütterchen, die anspruchslos an Wegrändern wachsen.

Im Christentum bekam die Blume eine andere symbolische Bedeutung: Purpur galt als Farbe der Passion, die fünf Blütenblätter als Zeichen für die fünf Wunden Christi am Kreuz und die drei Farben der Blüte wurden zum Sinnbild der heiligen Dreifaltigkeit. In der Blumensprache steht das Stiefmütterchen für die Erinnerung und die Kraft liebevoller Gedanken.

Der botanische Name „Viola tricolor", also dreifarbiges Veilchen, wird kaum verwendet, denn durch alte Kinderspiele und Erzählungen hat sich die Bezeichnung „Stiefmütterchen" durchgesetzt. Diese bezieht sich auf die Anordnung der fünf Blütenblätter. Unten sitzt groß und dreifarbig die Stiefmutter, rechts und links neben ihr in bunten Farben ihre beiden leiblichen Töchter - jede auf einem eigenen Kelchblatt. Ganz oben befinden sich die beiden Stieftöchter, einfarbig und bescheiden teilen sich die zwei Blütenblätter ein einziges Kelchblatt - sie werden, wie es auch die Redewendung sagt, stiefmütterlich behandelt.
Durch zahlreiche Kreuzungen der wilden Stiefmütterchen entstanden die robusteren Gartenstiefmütterchen mit unterschiedlichsten Formen und Schattierungen. Sogar der amerikanische Künstler Jeff Koons verwendete 80 000 bunte Stiefmütterchen und Petunien, um seine gigantische Blumenskulptur im Garten von Versailles zu bepflanzen.

Blume der Liebenden: In Shakespeares „Sommernachtstraum" wird ein Liebestrank aus Stiefmütterchen gebraut, um das Herz der Angebeteten zu erobern. Außerdem soll die Blume in der Lage sein, Liebeskummer zu lindern und gebrochene Herzen zu heilen.

Die Strelitzie

Ein Gruß aus tropischen Paradiesen

Es gibt wohl kaum eine ausgefallenere Blume als die Strelitzie, die wegen ihres außergewöhnlichen Aussehens auch „Paradiesvogelblume“ oder „Papageienblume“ genannt wird, denn die Blüte ähnelt einem prächtigen Vogel mit einem spitzen Schnabel und einer bunten Federhaube auf dem Kopf. Die fünf existierenden Strelitzien-Arten stammen alle aus Südafrika, hier bei uns ist sie vor allem als Schnittblume bekannt.

> Als Geschenk erregt die Strelitzie großes Aufsehen und symbolisiert Farbenpracht, Extravaganz, Exotik und Einzigartigkeit. Die Blume hat aber auch eine spirituelle Bedeutung, denn der lange Stiel soll den intellektuellen Aufstieg hin zur Erleuchtung darstellen.

Ihren Namen erhielt die Blume zu Ehren der britischen Königin Sophie Charlotte, die als Prinzessin von Mecklenburg-Strelitz geboren wurde und mit großer Leidenschaft für die Botanik einen Landschaftspark um ihr Schloss anlegen ließ. Seit 1995 ist die Strelitzie die wahrhaft königliche Stadtblume von Neustrelitz. Entdeckt wurde die Pflanze 1773 vom Pflanzenjäger der Königlichen Gärten von Kew an den Flussufern der östlichen Kap-Provinz, als er mit dem Kapitän James Cook auf Weltumsegelung war.
Heute muss man kein Mitglied der High Society sein, um in den Genuss der haltbaren Schnittblume zu kommen. Bei Urlaubern auf den Kanaren und Madeira ist die Strelitzie ein beliebtes Urlaubssouvenir.

Mandelas Gold: In den 1970er-Jahren traten im botanischen Garten Kirstenbosch bei Kapstadt zufällig einige wenige gelbe Strelitzien auf. Durch Auslese konnte die besondere Blütenfarbe dauerhaft erhalten werden und wurde im Jahre 1996 zu Ehren des Anti-Apartheid-Kämpfers und ersten schwarzen Präsidenten Südafrikas Nelson Mandela „Mandelas Gold“ getauft.

Strelitzia

Tulipa

Die Tulpe

Begehrtes Spekulationsobjekt

Tulpen sind leuchtende Frühlingsboten, die mit ihren gefransten, gefüllten oder gestreiften Blüten in allen Farbvariationen zu den beliebtesten Gartenblumen gehören. Der Name „Tulpe" soll sich von der vorderasiatischen Kopfbedeckung, dem Turban, ableiten, an den die Blüte in geschlossener Form erinnert, und eine Legende der griechischen Mythologie erzählt von „Tulip", der schönen Tochter des hellenistischen Meeresgottes, die vor einem aufdringlichen Verehrer gerettet wurde, indem Artemis sie in eine Tulpe verwandelte.

> Im Islam gilt die Tulpe als ein Symbol des Glücks, ihr aufrechter Wuchs führt sie dem Licht und damit der Göttlichkeit entgegen. Außerdem wird Tulpen nachgesagt, sie könnten gebrochene Herzen heilen, indem sie die Seele des Menschen zum Leuchten bringen. Als Frühlingsblume steht die Tulpe auch für die Auferstehung und Lebenskraft.

Während die Blume ursprünglich aus Mittel- und Zentralasien stammt, verbindet man sie heute vor allem mit den Niederlanden, denn hier werden die meisten Tulpen weltweit produziert und ins Ausland verkauft.
In den 1630er-Jahren sorgte das Tulpenfieber dort für großen Aufruhr, die Blumenzwiebeln wurden zu begehrten Spekulationsobjekten. Den Höhepunkt der „Tulpomanie" löste eine neue Sorte aus: Wie durch ein Wunder hatte nämlich eine einfarbige Tulpe ihre Farbe geändert und zeigte ein gestreiftes Muster. Heute weiß man, dass eine Viruserkrankung der Pflanze die Ursache war – damals wurden bis zu 10 000 Gulden für eine einzige Zwiebel dieser Couleur bezahlt, so viel wie für ein Stadthaus in Amsterdam. Da die Blume inzwischen in über 3000 Sorten auf riesigen Feldern gezüchtet wird, ist sie für jeden erschwinglich geworden.

Das Veilchen
Blume der Mächtigen

Die wilden Veilchen sind auf der Welt mit etwa 650 Arten weit verbreitet und wachsen hierzulande oft versteckt im Halbschatten von Büschen und Bäumen, während sie in heißen Ländern eher in feuchteren Gebirgsregionen zu finden sind.

Wegen ihrer violetten Färbung und ihres fragilen Aussehens stehen Veilchen für Demut, Unschuld und Bescheidenheit. Das weiße Veilchen symbolisiert in der Sprache der Blumen Anstand und Jungfräulichkeit, während gelbe Veilchen als Frühlingsboten die Hoffnung ausdrücken. Viele Herrscher erklärten das Veilchen und seine Farbe jedoch auch zum Zeichen der Macht. Einflussreiche Senatoren im alten Rom säumten ihre Toga mit Purpurbändern, Napoleon, Kaiser Wilhelm I. und Churchill erklärten es zu ihrer Lieblingsblume.

Die Maler der Renaissance wählten das Veilchen als Symbol in vielen christlichen Darstellungen, die Interpretation ist dabei nicht immer eindeutig. So könnten die Blümchen in der violetten Trauerfarbe neben dem Kreuz Christi den Schmerz über dessen Tod andeuten oder aber ein Sinnbild für die Ausbreitung seiner Lehre über die Welt sein.
Aber nicht nur die Farbe des Veilchens spielt eine besondere Rolle, der angenehme Geruch des Blümchens verzauberte schon in der Antike und ist bis heute eine wichtige Duftnote in der Parfümindustrie. Zu Beginn von den Arabern kultiviert und später an die Europäer weitergegeben, werden die kleinen Blümchen seit dem 18. Jahrhundert besonders rund um Grasse in der Provence gezüchtet.

Ein kulinarischer Genuss: Kandierte Veilchen waren neben Veilchensorbet die liebsten Süßigkeiten von Kaiserin Elisabeth von Österreich, genannt Sisi.

MB

Die blauen Frühlingsaugen
schaun aus dem Gras hervor,
das sind die lieben Veilchen,
die ich zum Strauß erkor.

Ich pflücke sie und denke,
und die Gedanken all,
die mir im Herzen seufzen,
singt laut die Nachtigall.

Ja, was ich denke, singt sie
lautschmetternd, dass es schallt;
mein zärtliches Geheimnis
weiß schon der ganze Wald.

Heinrich Heine (1797-1856)

MB

MYOSOTIS SYLVATICA

MYOSOTIS PALUSTRIS

MYOSOTIS RAMOSISSIMA

MYOSOTIS ARVENSIS

MYOSOTIS DISCOLOR

MB

Das Vergissmeinnicht

Zarte Erinnerung

Als der Göttervater Zeus allen Pflanzen einen Namen gab, hatte ein kleines blaues Blümchen Angst, vergessen zu werden, und rief immer wieder: „Vergiss mein nicht!" Laut griechischer Mythologie soll das Vergissmeinnicht auf diese Weise zu seinem Namen gekommen sein. Im Englischen wird es „Forget-me-not", im Französischen „Ne m'oubliéz pas" genannt, und auch sonst auf der ganzen Welt von Norwegen bis China hat es Bezeichnungen mit diesem Sinngehalt. Sein botanischer Name ist ebenso interessant, denn das lateinische „Myosotis" heißt „das Mäuseohr", was auf die Ähnlichkeit der Blätter mit den Ohren der kleinen Nager zurückzuführen ist.

> In der Sprache der Blumen ist das Vergissmeinnicht ein Symbol für Liebe und Treue, das auch in einer alten Legende aus dem Mittelalter zu finden ist. Sie erzählt, wie ein Ritter seiner Geliebten einen Strauß zarter blauer Blumen am Flussufer pflückt, dabei das Gleichgewicht verliert und ins Wasser stürzt. Seine schwere Rüstung zieht ihn hinab in die Fluten, aber bevor er ertrinkt, wirft er seiner Angebeteten den Strauß zu und ruft: „Vergiss mein nicht."

Das Vergissmeinnicht wird auch gerne zum Abschied überreicht und auf Gräber gepflanzt zum Gedenken an die Verstorbenen. In den Niederlanden gibt es den Brauch, Gästen auf einer Trauerfeier die Samen des Vergissmeinnichts zu schenken, damit sie zu Hause zu Ehren des Verstorbenen und zur liebevollen Erinnerung ausgesät werden.

Gedenken im Blumenmeer: Das Vergissmeinnicht war die Lieblingsblume der verstorbenen Prinzessin Diana. Im „Sunken Garden" des Kensington Palastes erinnert ein Denkmal an die „Königin der Herzen", umgeben von einem Blumenmeer, darunter auch dem zarten Vergissmeinnicht.

Lied der Freundin

Zarter Blumen leicht Gewinde
bring ich dir zum Angebinde;
Unvergängliches zu bieten,
war mir leider nicht beschieden.

In den leichten Blumenranken
lauschen liebende Gedanken,
die in leisen Tönen klingen
und dir fromme Wünsche bringen.

Und so bringt vom fernen Orte
dieses Blatt dir Blumenworte;
mögen sie vor deinen Blicken
sich mit frischen Farben schmücken.

Marianne von Willemer (1784-1860)

MB